당신의 판단과 선택을 도와줄,
세상에서 두 번째로 쉬운 행동경제학 입문

천재이면서 바보인 당신에게

천재이면서 바보인 당신에게
당신의 판단과 선택을 도와줄, 세상에서 두 번째로 쉬운 행동경제학 입문

초판 1쇄 발행 2024년 3월 4일

지은이 이충경
펴낸이 장길수
펴낸곳 지식과감성#
출판등록 제2012-000081호

교정 이주희
디자인 강샛별, 서혜인
편집 서혜인
검수 주경민, 정윤솔
마케팅 김윤길, 정은혜

주소 서울시 금천구 벚꽃로298 대륭포스트타워6차 1212호
전화 070-4651-3730~4
팩스 070-4325-7006
이메일 ksbookup@naver.com
홈페이지 www.knsbookup.com

ISBN 979-11-392-1672-1(03320)
값 16,900원

- 이 책의 판권은 지은이에게 있습니다.
- 이 책 내용의 전부 또는 일부를 재사용하려면 반드시 지은이의 서면 동의를 받아야 합니다.
- 잘못된 책은 구입하신 곳에서 바꾸어 드립니다.

지식과감성#
홈페이지 바로가기

당신의 판단과 선택을 도와줄,
세상에서 두 번째로 쉬운 행동경제학 입문

천재이면서 바보인 당신에게

이충경 지음

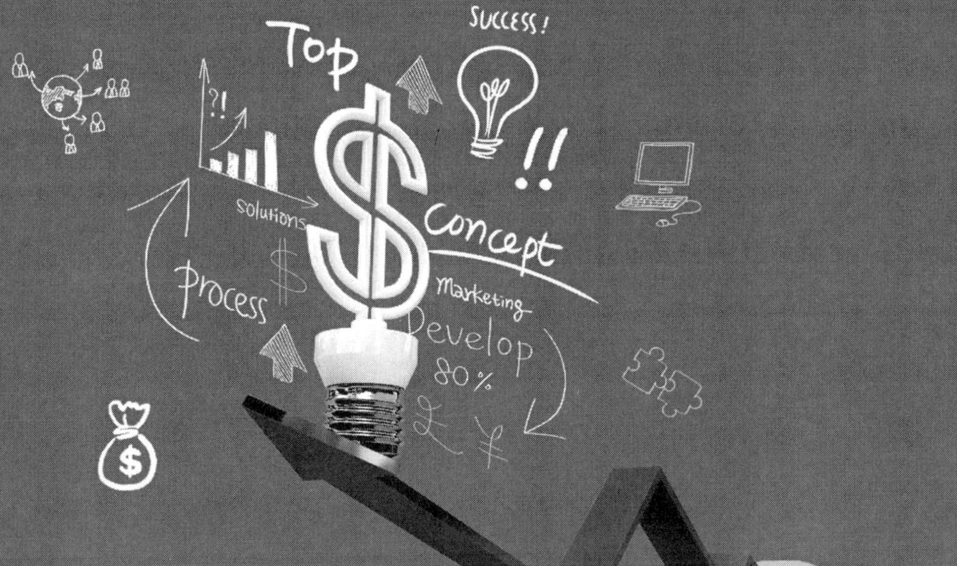

'행동경제학'의 개념과 이론을 복잡한 용어와 수식 없이
이해하기 쉬운 예시를 통해 설명!

지식과감성#

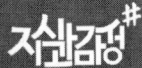

목차

서문   8

제1부

뇌가 아닌 마음의 선택
— 사람은 과연 합리적 선택을 하는가?

동서보다 조금 많은 연봉, 행동경제학의 시작 —— 12
왜 같이 죽자고 하는 것일까? —— 14
그래도 합리적인 선택의 방법(?), 기대효용이론 —— 18
그때그때 달라요~ 불확실한 상황에서는 이렇게 선택합니다 —— 20
  : 전망이론(Prospect Theory)
합리적이지 못한 사람들의 선택 —— 21
  : 전망하지 않는 전망이론
손해 보기 싫은 사람들을 위하여 —— 28
사람은 확실한 이익과 불확실한 손실을 좋아합니다 —— 29
  : 가능성 효과와 확실성 효과
인간에게는 기쁨은 나눠서 주고 고통은 합해서 줘라 —— 33
  : 쾌락적 편집
웅진스마트올이 우리 아들에게 이것을 바랐을까요? 왠지 모를 상실감 —— 36
  : 소유 효과(Endowment effect)
써 봤으면 반품할 리가 없어: 소유 효과를 이용한 마케팅 사례 —— 38
"내가 이놈의 회사 더러워서 때려 친다."라고 말로만 하는 진짜 이유 —— 40
  : 현상유지편향
머리로 이해하지만 가슴으로 이해하지 못한다 —— 43
  : 상대적 공정성
아빠는 계산할 때 멋져요(?) —— 48
  : 지불의 고통(Pay Of Paying)

제2부

아는 길도 돌아갈까?

— 사람은 대충 판단하고 확신한다

인간의 생각은 게으르다, 이게 본성이다 —— 56
내 머릿속 두 개의 시스템 —— 58
내 머릿속 조정장치 —— 61
    : 이용가능성 휴리스틱
척 보면 안다는 그대들의 착각 —— 66
    : 대표성 휴리스틱
확률은 알지만 쓰기 싫을 뿐입니다 —— 72
    : '기저율 무시와 결합오류'
당신은 지금 평균으로 돌아가고 있습니다 —— 76
    : 평균으로의 회귀
선빵(?)이 중요한 이유 —— 78
    : 닻내림 효과1
그 가격이 그 가격이 아니었다 —— 82
    : 닻내림 효과 2
'감정에 휘둘리지 않는다'라는 당신도 모르는 거짓말 —— 84
    : 감정 휴리스틱
이게 자꾸 생각이 나니까 이거여야 해 —— 88
    : 재인 휴리스틱

제3부

내 생각을 가두는 틀

중요한 것은 '무엇'보다는 '어떻게'다 —— 94

나도 모르게 이 조건을 받아들인 이유 —— 97
　: 초깃값 효과

당신도 모르게 쓰고 있는 마음속 가계부 —— 100
　: 심적 회계(Mental Accounting)

이미 써 버린 돈이 아까우세요? 이 오류에 빠지셨습니다 —— 104
　: 매몰비용의 오류

연봉이 5% 올랐다고요? 에이 그만큼 아니에요 —— 109
　: 화폐착각(Money Illusion)

자기도 모르게 '중짜'를 시키는 당신에게 —— 113
　: 극단회피(Extremeness Aversion)

절대로 속지 않는다고 말하며 매일 속는 당신에게 —— 117
　: 미끼 효과(Decoy Effect)

좋으면 숫자, 나쁘면 퍼센트 —— 120

날마다 노스트라다무스가 되는 당신에게 —— 123
　: 사후확신편향

스스로 천재라고 생각하는 당신에게 —— 127
　: 과신(Overconfidence)

계획대로 끝나지 않는 이유 —— 132
　: 계획오류(Planning Fallacy)

저 식당 대기 줄이 긴 이유가 있을 거야 —— 136
　: 정보 폭포(Information Cascades)

내가 당신의 얘기를 못 알아듣는 이유 —— 140
　: 지식의 저주(Curse Of Knowledge)

당신에게 결정 장애가 있는 이유 —— 143
　: 선택의 역설(Paradox Of Choice)

제4부

행동경제학

— TV 홈쇼핑 외전

진실 혹은 거짓? —— 152
　: TV 홈쇼핑 무료체험 이벤트에는 소유 효과가 발생한다
행동경제학 TV 홈쇼핑 외전의 시작 —— 154
　: 노벨경제학상 이론도 안 통하는(?) 대한민국 TV 홈쇼핑
행동경제학 홈쇼핑 외전 —— 156
　: 안구건조증 치료기에는 '소유 효과'가 있을까?
행동경제학 홈쇼핑 외전 —— 158
　: 탈모 치료 의료기기에는 '소유 효과'가 있을까?
행동경제학 홈쇼핑 외전 —— 160
　: 비염치료기와 보청기에는 '소유 효과'가 있을까?
행동경제학 홈쇼핑 외전 —— 163
　: 목 견인기에는 '소유 효과'가 있을까?
행동경제학 홈쇼핑 외전 —— 165
　: TV 홈쇼핑 무료체험은 정말 효과가 없을까?
행동경제학 홈쇼핑 외전 —— 169
　: TV 홈쇼핑 무료체험 상품의 '소유 효과' 조건(1)
행동경제학 홈쇼핑 외전 —— 173
　: TV 홈쇼핑 무료체험 상품의 '소유 효과' 조건(2)

서문

　행동경제학이라는 분야를 처음 접했던 것은 대학원 박사과정 때였습니다. 그때만 해도 행동경제학에 이렇게까지 관심을 가질 줄 몰랐습니다. 배우면 배울수록 너무 매력적인 분야였습니다. 이 매력적인 분야를 더 많은 사람들에게 소개해 보고 싶다는 욕심이 생겼습니다. 어떻게 하면 행동경제학이라는 분야를 쉽게 얘기할 수 있을까? 수없이 고민하다 잡은 방향은 생활 속의 경험을 행동경제학적으로 풀어내는 것이었습니다. 우리의 생활과 동떨어진 이야기가 아닌 우리 일상생활에서 겪는 일들을 행동경제학적으로 풀어낸다면 좀 더 수월하게 행동경제학이라는 분야를 많은 분들이 이해할 수 있을 거라 생각했습니다. 그리고 이 책을 쓰기 시작했습니다.

　경제학은 종종 복잡한 수식과 이론, 통계 데이터에만 초점이 맞춰진 학문으로 생각될 수 있습니다. 하지만 경제학은 실제로 우리가 왜 특정 상품을 구매하는지, 왜 저축을 하는지, 왜 투자를 결정하는지 등 우리의 일상적인 선택과 행동에 깊이 관여하고 있습니다. 이런 경제학은 선택에 관한 학문입니다. 그리고 행동경제학은 인간의 심리가 이런 경제적 선택에 어떻게 영향을 미치는지에 대해 연구하는 분야입니다. 이 책에서는 '행동경제학'의 개념과 이론을 복잡한 용어와 수식 없이 이해하기 쉬운 예시를 통해 설명하려고 합니다. 다양한 일상생활의 순간들에서 볼 수 있는 행동경제학의 원리와 개념을 쉽게 이해할 수 있게끔 썼습니다. 많은 분들이 행동경제학을 '어려운 이론'으로만 생각하고 그 중요성을 간과하곤 합니다. 하지만 이 책을 통해 여러분이 일상에서 흔히 마주하는 상황들 속에 '이런 행동경제학적 비밀이 숨어 있구나.'를 아실 수 있을 것이고 그 내용들은 여러분의 판단과 선택에 도움을 드릴 수 있을 것입니다.

이 책이 단순히 학문적인 이해를 넘어서, 여러분들의 일상생활에 직접적으로 활용할 수 있는 지식을 제공했으면 하는 바람입니다. 행동경제학의 원리를 이해함으로써 더 나은 선택을 하고, 이로 인해 더 풍요로운 삶을 즐길 수 있었으면 합니다. 바람이 있다면, 이 책을 읽고 난 후, 여러분이 주변을 바라보는 시각이 변했으면 합니다. 의사결정에 대한 새로운 이해를 통해, 현명한 선택을 할 수 있는 능력을 키울 수 있었으면 합니다. 그리고 이는 여러분 개개인의 삶뿐만 아니라, 우리 사회 전체에 긍정적인 변화를 가져올 수 있다고 생각합니다. 이 새로운 통찰과 이해가 여러분의 삶에 긍정적인 변화를 가져올 수 있을 것입니다.

이 책을 쓰는 동안 부지불식간에 아빠와의 시간과 부부간의 시간을 배려할 수밖에 없었던 아들과 아내에게 미안함과 고마움을 전합니다. 책을 쓰겠다고 할 때마다 무조건 찬성부터 해 주는 HDC 친구들과, 나라는 사람의 위치보다는 나를 있는 그대로 공감해 주는 형님, 누님 그리고 동생들에게도 감사함을 전합니다.

그럼 행동경제학이라는 놀라운 세계로의 여행을 시작하겠습니다.

BEHAVIORAL
ECONOMICS

제1부

뇌가 아닌
마음의 선택

— 사람은 과연 합리적 선택을 하는가?

동서보다 조금 많은 연봉, 행동경제학의 시작

우리나라 속담에 "곡식은 남의 것이 잘되어 보이고 자식은 제 자식이 잘나 보인다."라는 말이 있습니다. 자식은 자기 자식이 잘나 보이고 재물은 남의 것이 더 좋아 보여 탐이 남을 이르는 말입니다. 왜 내 자식은 다른 자식들보다 잘나 보일까요? 왜 재물은 남의 것이 더 좋아 보일까요? 어떠한 근거로 그렇게 생각할까요? 그 근거가 이성적일까요?

러시아 민담에 이런 이야기가 있습니다. 작은 시골 마을에 가난한 농부와 부자 농부가 있었는데 어느 날 부자 농부가 소를 한 마리 사 오자 가난한 농부의 부러움은 극에 달하여 매일 저녁 하나님께 기도를 했다고 합니다. 어느 날 하나님은 그의 정성에 감동하여 소원을 들어줄 마음으로 물었습니다. "너의 소원이 무엇이냐?" 그러자 가난한 농부는 하나님께 자신의 소원을 얘기합니다. "옆집 소를 죽여 주세요."

그저 하나님께 자신을 부자로 만들어 달라고 했으면 되었을 것을 굳이 부자 농부의 소를 죽여 달라고 말했습니다. 과연 가난한 농부의 행동은 이성적 행동이었을까요? 이성적 인간으로서 최대의 효율과 이익을 추구하는 합리적 선택이었을까요?

이런 상황을 가정해 보겠습니다.

제가 처제의 남편인 동서와 같은 회사에 들어갔고, 연봉 계약을 코앞에 두고 있고, 두 개의 연봉 중 하나를 선택할 기회가 생겼습니다.

(1) 나는 연봉 5,800만 원을 받고 동서는 5,700만 원을 받는다.
(2) 나는 연봉 6,000만 원을 받고 동서는 6,100만 원을 받는다.

과연 저는 어떤 대안을 선택할까요? 합리적으로 선택한다면 고민 없이 2개 대안 중 나에게 최대 효율과 이익을 가져다줄 수 있는 2번 대안을 선택해야 합니다. 하지만 제가 2번을 선택할까요? 저는 동서보다 연봉이 조금 더 많은 1번을 선택할 겁니다. 저 말고 다른 분들도 똑같은 상황이라면 유사한 선택을 하셨을 거라 생각됩니다. 비슷한 실제 실험(친구와 같은 회사에 입사 연봉 선택)에서 객관적으로 더 많은 연봉보다는 친구보다 더 많은 연봉을 선택했다고 합니다. 합리적 계산보다 친구와의 비교를 통해 가치를 결정한 것입니다. 사람들은 절대적 기준이 아닌 다른 대상과의 비교를 통해 평가합니다. 그렇기 때문에 결과적으로 평가자의 판단은 왜곡되고 합리적이지 않게 나타납니다.

직장에서 보통 한 해를 마감할 때쯤 각 개인의 성적표가 나오게 됩니다. 이 개인 성적표가 임금인상률에 반영되는 경우가 많습니다. 평가 기간에 피평가자들(보통 팀원)은 평가자들(팀장, 본부장 등)에게 각자 개인의 성과에 관련하여 이런저런 읍소를 하게 됩니다. 성과가 좋은 사람은 더 좋게 받으려, 안 좋은 사람은 조금이라도 더 좋게 받으려 애를 씁니다. 평가 결과야 개인만이 알 수 있는 거지만 어떻게 하다 보면 소문이 납니다. '올해 달성해야 하는 목표가 얼마이고, 내가 달성한 숫자가 얼마고, 그래서 달성률이 얼마인지'를 가지고 평가받는 영업 사원들도 분명한 숫자가 나옴에도 평가 결과에 불만을 가지게 됩니다. 예를 들어, 전체 금액으로는 A라는 직원의 숫자보다 더 많이 달성했는데 상대적으로 받은 목표가 많았고, A라는 직원은 코로나 이슈로 급성장한 시장을 맡아 나보다 평가 결과가 좋았다면 저는 어떤 생각을 했을까요? '숫자대로 평가받았으니까 괜찮아.'라고 생각했을까요? 겉으로 표현하진 않지만 마음속으로 이렇게 생각하고 있었을 겁니다. 'A 직원의 평가 결과와 비교해 보면 내가 손해를 봤다.'라고 생각했을 겁니다. 더 많은 돈보다 동서보다 조금 더 높은 연봉을 선택하고, 내가 평가를 잘 받아야 비로소 나의 가치를 인정받았다고 생각하는 것입니다. 과연 사람은 우리 스스로가 생각하는 것처럼 합리적인 존재일까요?

왜 같이 죽자고 하는 것일까?

제 지인의 SNS 프로필에는 이런 문구가 있습니다. "매순간 우리는 선택이란 기로에 서 있다." 직업적인 특성상 그런 문구를 적어 놓은 것이긴 하지만 실제 우리 인생은 매순간 선택해야 하고 결정해야 됩니다. 어린이집을 다녔던 7살 시절 저의 아이도 매일 선택하고 결정했습니다. 오늘은 무슨 옷을 입고 어린이집을 갈지, 저녁은 무엇을 먹을지, TV에서 하는 어린이 프로그램 중에 무엇을 볼지. 사소한 문제에서부터 중요한 문제까지 나이와 성별에 상관없이 사람들은 선택해야 하고 결정해야 합니다.

인생에서 결국 무언가를 선택해야 하는 문제를 만났을 때, 그 문제를 벗어날 수 없다면 잘 선택해야 합니다. 인간의 선택 문제를 다룬 분야가 여러분들도 잘 아는 경제학입니다. 경제학에서는 '한정된 자원을 이용한 최선의 선택'에 대한 문제를 다루는데, 전통경제학에서는 인간이 경제활동을 할 때 자신의 이익을 극대화할 수 있는 선택을 한다고 합니다. 전통경제학에서 인간은 항상 일관된 선호도로 선택하고, 계산에는 진심이며, 논리적이고 이성적이며 최대의 효율을 추구합니다. 합리성이란 말을 아주 중요시합니다. 처음부터 끝까지 합리적 선택을 강조합니다. 경제학에서는 합리성을 분석하기 위해 경제라는 세상에서 살아가는 전형적인 인간을 만들어 냈는데 그게 바로 '호모 이코노미쿠스(Homo Economicus)'입니다. 이런 인간을 리처드 탈러(Richard H. Thaler)[1] 교수는 이콘(Econ)이라고 부릅니다. 이콘은 모든 선택에서 이성적 사고와 많은 지식과 지혜를 활용하여 항상 합리적으로 판단합니다. 그런데 인간이 과연 이런 이콘일 수 있을까요? 장담하지만 저는 이콘이 아닙니다.

이콘이 아닌 게 슬프신가요? 괜찮습니다. 인간은 이콘이 아님을 보여 준 유명한 실험이 있습니다. 바로 최후통첩게임(Ultimatum Game) 또는 최종제안게임으로 불리는 실험인데 독일의 경제학자 베르너 귀스(Werner Guth)가 고안한 게임입니다.

이 게임은 서로 본 적이 없는 두 사람(A와 B)이 짝을 지어 돈을 나눠 갖는 게임입니다. 서로 완전히 낯선 사이인 A와 B는 앞으로도 만날 가능성이 없는 사이로 체면이나 눈치를 볼 필요가 없으며 이기적인 행동을 해도 전혀 상관없는 관계입니다. 한 사람(A)에게 돈을 주고 다른 사람(B)과 마음대로 돈을 나눠 가지라고 합니다. 돈을 주는 사람은 상대방에게 얼마를 나누어 줄지 결정해야 합니다. 돈을 나누기 싫으면 전액을 혼자 다 가져도 됩니다. 단 이 게임에는 규칙이 있는데 돈을 받은 B는 받은 돈의 액수가 마음에 들지 않으면 돈을 거절할 수 있는 거부권이 있습니다. A가 제안한 금액을 B가 수락하면 두 사람은 돈을 나누어 갖지만 만약 B가 거부권을 행사하면 두 사람은 빈손으로 돌아가야 합니다.

이 게임에서 A와 B를 이콘이라 가정한다면 이런 선택을 할 것입니다.

---

[1] 리처드 탈러(Richard H. Thaler)는 2017년 노벨경제학상 수상자로 미국 시카고 대학교 석좌교수이다. 행동경제학을 학문적으로 체계화했고 2002년 노벨경제학상을 수상한 대니얼 카너먼과 함께 행동경제학의 권위자로 꼽힌다.

A는 자신의 몫을 최대로 확보하기 위해 선택할 것입니다. 아무것도 주지 않으면 B가 거부권을 행사할 수 있으므로 최소의 금액을 줄 것입니다. B 입장에서는 얼마를 받든 상관없는 공돈이기에 A가 제안한 금액을 받아들이는 게 이익입니다. 이렇게 가다 보면 제안 금액이 얼마까지 낮아질까요? 예를 들어 A가 10,000원을 가지고 있다고 한다면 B에게 제안하는 금액은 1원까지 낮아질 수 있습니다. 1원이지만 이콘인 B가 1원을 거부할 리는 없습니다. 1원을 거부하면 빈손으로 게임을 끝내야 합니다.

결과는 어땠을까요? 상대방에게 1원이든, 1,000원이든 최소한의 금액을 제안하는 사람은 거의 없었습니다. 여러 차례의 실험에서 A는 받은 돈의 평균 40~50%를 제안했으며 B는 A가 30% 이하의 돈을 제안한 경우에는 거부권을 행사했습니다.

A와 B의 선택은 호모 이코노미쿠스라면 해서는 안 되는 행동이었습니다. A는 완전히 계산적이지 않았습니다. 너무 적은 금액을 제안하면 B가 거절할 것을 알고 '나라면 어떻게 했을까?' 생각해 보고 상대방의 심리를 이해한 것이었습니다. 돈을 받는 사람인 B는 웬만한 금액이 아니면 거부하겠다는 의사를 표시했습니다. 이들에게서 '단돈 1원이 어디야.'와 같은 호모 이코노미쿠스의 합리성은 없었습니다. 아무리 작은 돈이라도 이익을 챙길 기회를 버리고 비록 한 푼도 받지 못하는 한이 있더라도 A가 혼자서 많은 돈을 챙기는 게 더 싫었습니다. '이것밖에 안 줘? 그래, 너 죽고 나 죽자.'라는 선택을 했습니다.

이 실험은 지나치게 개인적 이익을 추구하려는 데 대해 사람은 거부감을 느끼고 심지어는 상대방의 제안이 공정하지 않다고 생각이 들 때 자신의 이익을 포기하는 한이 있어도 상대방에게 보복하고 싶다는 감정을 느낄 수 있음을 보여 줬습니다.

노벨경제학상을 받은 대니얼 카너먼은 게임의 규칙을 조금 변경하여 최후통첩게임과 마찬가지로 공짜로 생긴 돈을 나눠 갖는 게임에서 돈을 주는 A의 제안을 B가 거절할 수 없도록 규칙을 변경한 '독재자게임(Dictator Game)'이라는 실험을 해 봤습니다. A는 B에게 얼마를 주든 B는 거절할 수 없으므로 A는 전액을 혼자 가질 수 있습니다. B가 거절하여 한 푼도 받지 못하는 상황은 염려할 필요가 없습니다. A가 호모 이코노미쿠스라면 B에게 돈을 주지 않아야 합니다.

결과는 어땠을까요? 최후통첩게임과 달리 합리적 분배에 대한 기준이 바뀌기는 했지만 '0'원으로까지 줄어들지는 않았습니다. 집단에 따른 차이는 있었지만 20~30% 정도의 금액을 제시하는 사람이 여전히 많았습니다. 여전히 상대방의 감정을 고려하고 자신의 감정이 반영된 선택을 했습니다. 최후통첩게임이나 독재자게임에서 항상 일관된 선호도로 선택하고, 계산에는 진심이며, 논리적이고 이성적이며 최대의 효율을 추구하는 이콘의 모습은 없었습니다. 우리는 때론 합리적이지만 많은 경우에 그렇지 않은 선택을 하는 일이 많습니다. 이익이 분명한데도 남과 비교해 부당하다고 생각되면 같이 죽는 길을 선택합니다. 논리적이며 이성적이며 합리적인 사고는 멀리 가고 없습니다. 현실 세상에서 살고 있는 우리는 '이콘'보다 사람에 가깝습니다. 이런 사람의 선택은 심리의 영향을 받을 수밖에 없으며 이런 사람의 심리를 이해해야만 비합리적 행동과 예외적 경제 현상도 분석과 예측이 가능합니다. 경제 주체로서 사람의 선택을 연구하는 행동경제학이 만들어진 이유입니다.

그래도 합리적인 선택의 방법(?), 기대효용이론

모든 것이 확실한, 어떤 일이 일어날 확률이 100%인 상황 즉, 불확실성이 전혀 없는 상황에서의 선택은 쉬울 것입니다. 아래의 상황이 일어난다는 가정하에 여러분은 어떤 선택을 하실 건가요?

**(1) 'A'란 상품에 투자하면 200만 원을 얻을 수 있다.
(2) 'B'란 상품에 투자하면 300만 원을 얻을 수 있다.**

이 두 가지 대안 중에 여러분은 어떤 것을 선택하시겠습니까? 불확실성은 '0'이며 무조건 대안에 나와 있는 이득을 얻을 수 있다고 가정한다면 아마도 100% 확률로 2번을 선택할 것입니다.

그런데 과연 실제 우리가 사는 세상에서 이런 경우가 얼마나 있을까요? 우리는 확률 100% 세상에 살고 있지 않습니다. 이런 세상에서 기대하는 결과와 그렇지 않은 결과 중에 어떤 결과가 나올지는 아마도 모릅니다. 생각지도 못한 결과(기대하지 않은 결과) 때문에 손실이 발생할 수도 있습니다. 위험(Risk)이 존재한다는 말입니다.

우리가 세상을 살아가며 만날 수 있는 위험의 종류는 많습니다. 점심을 먹으러 어떤 식당을 가기로 했는데 막상 도착해 보니 영업을 하지 않는 경우도 있을 수 있고, 내 나름대로 열심히 분석해서 'N'이라는 기업의 주식을 샀는데 주식을 산 다음 날부터 주가가 떨어질 수도 있습니다. 그렇기에 우리는 불확실성이 도사리고 있는 상황에서 더 나은 선택을 하기 위한 방법을 연구해 왔습니다.

기존 경제학에서는 어떤 선택이 불확실한 상황에서 합리적인가를 분석하는 데 많은 노력을 기울이며 과학적인 방법을 제시했습니다.

어떤 회사 주식에 투자한다고 가정을 해 봅시다. 투자하려는 회사 주식이 오를 것이 확실하다면 누구나 다 사려고 할 겁니다. 하지만 주식 가격은 떨어질 수 있습니다. 아래의 상황을 살펴봅시다.

'D'와 'E'라는 회사 주식 중 하나에 1,000만 원 정도 투자하려고 합니다. 다음과 같은 상황이라면 어떤 회사의 주식을 사시겠습니까?

(1) 'D'라는 주식에 투자하면 향후 3,000만 원까지 벌 수 있는 확률이 50%, 한 푼도 못 벌 확률 50%
(2) 'E'라는 주식에 투자하면 향후 1,400만 원까지 벌 수 있는 확률이 100%

기대되는 수익을 제외한 나머지 조건은 동일하다는 가정을 한다면 여러분은 어떤 주식을 사시겠습니까?

전통경제학자들이 얘기하는 '기대효용이론(Expected Utility Theory)'에 따라 어떤 것을 선택하는 것이 합리적인지 살펴봅시다.

우선 기댓값을 사용합니다. D라는 주식에 투자했을 때 향후 기대할 수 있는 이득은 '(3,000만 원 × 50%) + (0원 × 50%) = 1,500만 원'입니다. E라는 주식에 투자했을 경우에는 '1,400만 원 × 100% = 1,400만 원'의 이득을 기대할 수 있습니다. 그러므로 기댓값이 100만 원이 더 높은 D라는 주식에 투자를 하는 것이 합리적입니다. 기대할 수 있는 효용을 따져 더 큰 쪽을 선택하는 것이 전통경제학자들이 얘기하는 '기대효용이론'입니다. 근데 저라면 D라는 주식에 투자했을 때가 기댓값이 크지만 이득을 보는 상황이 확실한 E라는 주식에 투자하는 것을 선택할 것입니다(행동경제학에서는 이를 '확실성 효과'라고 얘기합니다).

사람의 선택에 많은 영향을 주는 것은 수학이 아닌 사람의 마음, 심리입니다. 행동경제학에서는 '기대효용이론'이 사람의 인지적, 심리적 요인과 개인적 가치를 반영하지 않았다고 얘기합니다. 행동경제학은 이런 '기대효용이론'의 제약을 보완하기 위해 '전망이론(Prospect Theory)'을 제시합니다.

그때그때 달라요~
불확실한 상황에서는 이렇게 선택합니다
: 전망이론(Prospect Theory)

이런 상황을 가정해 보겠습니다. 처제의 남편인 동서와 제가 같은 회사를 들어가게 됩니다. 저는 동서보다 조금 많은 연봉을 받아 6,000만 원의 연봉을 받고 동서는 4,000만 원의 연봉을 받고 회사 생활을 시작했습니다. 1년이 지나 업무평가 결과에 따라 실적이 좋지 않았던 전 5,000만 원, 실적이 아주 좋았던 동서도, 5000만 원의 연봉을 받게 되었습니다. 기대효용이론에 의하면 저나 동서는 동일하게 5,000만 원의 연봉을 받으므로 효용수준도 동일합니다. 그런데 과연 저의 만족도는 동서의 만족도와 같을까요? 동서는 연봉이 올라 좋겠지만 저는 연봉이 줄어 실망감이 엄청날 것입니다. 같은 연봉 5,000만 원이 동서에게는 만족감을, 저에게는 실망감을 안겨 줬습니다. 기대효용이론에 따르면 연봉 5,000만 원으로 동일하기 때문에 저와 동서의 효용은 동일해야 합니다. 근데 저는 왜 실망하고 슬퍼할까요? 기대효용이론의 이런 단점을 보완하기 위해 행동경제학이 제시한 이론이 바로 '전망이론(Prospect Theory)'으로 행동경제학의 핵심이론이자 행동경제학 발달의 기폭제가 된 이론입니다.

제가 다이어트를 하는 상황에서 체중 관리를 위해 이틀에 한 번 먹던 치킨을 2주에 한 번씩만 먹는다고 가정해 보겠습니다. 이틀에 한 번씩 먹을 때와 2주에 한 번씩 먹을 때 과연 어떤 상황에서 저는 더 효용을 크게 느낄까요? 이틀에 한 번씩 먹을 때와 2주에 한 번씩 먹을 때 그 효용이 동일할까요? 분명 차이가 크게 느껴질 것입니다. 행동경제학에서는 인간의 선택을 충분히 설명하기 위해서는 이런 부분을 고려해서 설명해야 한다고 봤습니다. 심리적인 영향을 받는 인간이 불확실성이 존재하는 상황에서 어떻게 선택하는지를 설명하는 이론이 전망이론인데 대니얼 카너먼은 1979년 아모스 트버스키와 함께 이 이론을 발표합니다. 여기에서 인간은 이익과 손실이 뒤섞인 불확실한 상황에서 선택 시 다음 세 가지 조건에 영향을 받는다고 말합니다.

준거의존성(Reference Dependency)과 민감도 체감성(Diminishing Sensitivity), 손실회피성(Loss Aversion)이 바로 그것입니다.

합리적이지 못한 사람들의 선택
: 전망하지 않는 전망이론

사람은 이익과 손실이 뒤섞인 불확실한 상황에서 준거의존성과 민감도 체감성, 손실회피성에 영향을 받는다고 전망이론에서 얘기했습니다. 그럼 이 세 가지 조건에 대해 조금 자세히 알아보도록 하겠습니다.

(1) 준거의존성(Reference Dependency): 사람들은 절대적인 크기보다는 상대적인 이익과 손실에 더 민감합니다. 불확실한 상황에서 어떤 가치를 평가할 때 기준이 되는 것은 사람들 마음속에 있는 준거점(reference point)입니다. 앞에서 가정했던 업무평가 후 저와 동서의 연봉을 가지고 예를 들어 보면 결과적으로 둘 다 연봉이 5,000만 원으로 겉으로 보이는 효용이 같기 때문에 행복의 크기도 같다고 얘기할 수 있습니다. 하지만 전 행복하다고 느낄까요? 누가 더 행복하다고 느낄까요? 표로 만들어 비교해 보겠습니다.

나와 동서의 연봉 변화와 준거점

	나		동서
연봉	6,000만 원→5,000만 원		4,000만 원→5,000만 원
효용	5,000만 원	=	5,000만 원
행복감	-1,000만 원	<	+1,000만 원
준거점	6,000만 원		4,000만 원

현재 연봉을 기준으로 한다면 저와 동서는 동일하게 5,000만 원으로 효용이 같아 행복감도 같을 거라 생각할 수 있지만 실제로 전 동서보다 행복하다 얘기할 수 없습니다. 바로 연봉의 준거점(reference point) 때문입니다. 제 연봉의 준거점은 6,000만 원이고 동서 연봉의 준거점은 4,000만 원입니다. 준거점을 기준으로 보면 제 연봉은 1,000만 원이 줄었지만 동서는 연봉이 1,000만 원이 늘었습니다. 연봉 1,000만 원이 줄

어든 저는 동서보다 행복하지 않습니다.

또 다른 예를 들어 보겠습니다.

고도 비만이었던 전 체중관리를 하기로 마음먹고 열심히 관리해 몸무게를 90kg에서 79kg까지 줄였고 조금 더 열심히 관리해 75kg까지 줄였습니다. 그러나 잠깐 관리를 소홀히 한 탓에 다시 79kg까지 몸무게가 늘어났습니다(79kg일 때 근골격량과 체지방량은 동일하며 다른 질병은 없다고 가정합니다). 연봉 변화처럼 표로 만들어 보면 아래와 같습니다.

나의 체중변화와 준거점

	A 시기		B 시기
체중변화	90kg→79kg		75kg→79kg
효용	79kg	=	79kg
행복감	−11kg	>	+4kg
준거점	90kg		75kg

A 시기이든 B 시기이든 몸무게는 79kg인데 전 B 시기의 79kg가 못마땅합니다. 바로 몸무게의 준거점 때문입니다. A 시기였을 때 몸무게의 준거점은 90kg이었으나 B 시기 몸무게의 준거점은 75kg이었습니다. 그래서 전 B 시기의 79kg가 못마땅해지게 된 것입니다.

연봉과 몸무게 변화는 내용은 다르나 비교하는 기준점, 즉 준거점을 가지고 있는 공통점이 있습니다. 이런 준거점 때문에 같은 상황에서도 다른 선택을 할 수 있고 손익을 다르게 판단할 수도 있습니다.

(2) **민감도 체감성(Diminishing Sensitivity)**: 이익이나 손실에 대한 반응이 점점 둔화되는 것을 말하는 것으로 예를 들어 소득이 3,000만 원 증가했을 때 느끼는 즐거움은 1,000만 원 증가했을 때 느끼는 즐거움의 3배에 이르지 못합니다. 손실 상황에서도 마찬가지입니다. 처음으로 주식에 투자를 했는데 100만 원을 잃었다고 하면 마음이 많이 아플 겁니다. 그런데 계속 손실이 늘어나서 1,000만 원을 잃었다고 하면 실제로도 처음부터 1,000만 원을 잃은 만큼의 고통을 느끼게 될까요? 처음에 적은 손실이 있을 때는 동동거리며 불안하지만 그 손실이 계속 늘어나면 불안감은 상대적으로 줄어들게 됩니다. 전통경제학에서의 한계효용체감에 해당되는 개념입니다.

대학생 시절 경제학원론 강의를 듣고 친구와 한계효용체감의 법칙을 체험하자며 일부러 점심도 안 먹고 햄버거 가게에 갔습니다. 처음 한 개는 정말 맛있게 먹었습니다. 두 개째도 그럭저럭 맛있게 먹었습니다. 그런데 세 개째 햄버거를 먹기에 이르자 배가 불러 더 이상 먹을 수가 없었으나 주문한 게 아까워 꾸역꾸역 먹었습니다. 친구가 '하나 더'를 외치자 저도 모르게 친구에게 욕을 했습니다. 전 세 번째부터 만족감이 급격히 줄어들었습니다. 햄버거 하나를 더 먹을수록 저의 한계효용은 줄어들었고 이런 현상을 바로 '한계효용체감의 법칙'이라고 말하는 것으로 독일의 경제학자 허만 고센이 발견했다고 하여 '고센의 제1법칙'이라고도 불립니다.

(3) **손실회피성(Loss Aversion)**: 사람은 이익보다 손실에 더 민감해서 가급적 손실을 피하려고 하는데 이를 손실회피성이라고 합니다. 사람은 이익과 손실을 합리적으로 평가하기가 어렵고 같은 상황에서도 자기에

게 이익이 되는 상황인가 손실이 되는 상황인가에 따라 그 가치를 다르게 판단하게 됩니다. 같은 크기의 이익과 손실이라 해도 이익에서 얻는 기쁨보다 손실로 인한 고통을 더 크게 느끼게 되어 손실이라고 생각되는 상황은 피하는 선택을 하게 됩니다.

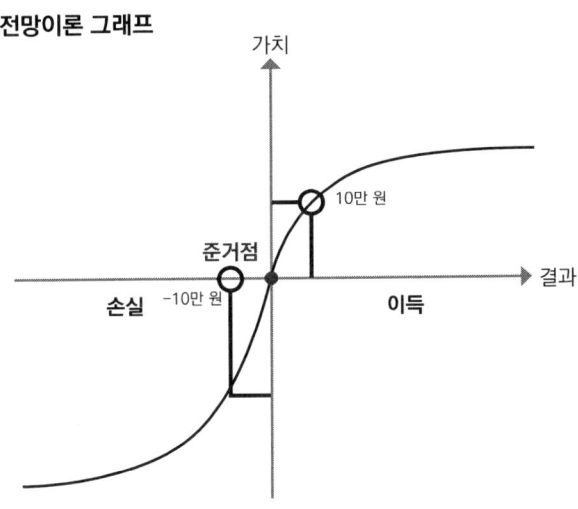

전망이론 그래프

위의 그래프는 전망이론의 가치함수 그래프로 사람들의 가치판단을 좌우하는 세 가지 원칙인 준거점 의존, 민감성 체감, 손실회피성의 관계를 나타낸 그래프입니다. 가운데에 있는 준거점은 이익과 손실을 구분하는 기준인데 이익이든 손실이든 값이 증가할수록 가치평가가 점점 박해집니다. 그러다 어느 수준에 도달하면 거의 평행선을 유지하게 됩니다. 더 많이 벌거나 더 많이 잃어도 실제 가치보다 더 작게 느끼는 것입니다. 정말 그럴까요?

저와 동서가 3,000만 원의 종잣돈을 각자의 와이프에게 받게 되었습니다. 서로 어떻게 투자할 것인가를 얘기하다 각자 알아서 하기로 하고 투자 결과가 좋은 사람이 거하게 한턱 쏘기로 합니다. 저는 주식에 투자를 했고, 수익이 6,000만 원까지 갔다가 절반으로 떨어졌고, 결국 2,000만 원의 순수익을 얻었습니다. 동서는 채권에 투자를 했고 큰 손실 없이 꾸준한 수익을 챙겨 1,000만 원의 수익을 얻었습니다. 1년이 지난 어느 날 수익의 결과를 서로 공유하고 약속한 게 있으니 전 거하게 쏘겠다며 한 식당에서 동서를 만납니다. 술이 조금 들어가자 전 동서에게 얘기합니다. "결과적으로 내가 2,000만 원의 수익을 얻었지만 자네보다 기쁘지 않아. 내가 자네보다 2배를 더 벌긴 했지만 난 3,000만 원을 잃었어…." 그래도 약속을 했으니 제가 밥값을 내긴 합니다.

사람들은 이익보다 손실을 더 크게 생각합니다. 10만 원을 받았을 때의 기쁨보다는 10만 원을 잃어버렸을 때의 고통을 더 크게 생각합니다. 즉 사람은 이익과 손실에 대해 비대칭적으로 반응하며 같은 금액이지만 '손실의 고통 〉 이익의 기쁨'이라는 부등식이 성립하게 됩니다.

대니얼 카너먼 교수는 이익과 손실을 사람들이 어느 정도 크기의 차이로 느끼는지 알아보기 위해 동전 던지기 게임을 제안했습니다.

**(1) 동전의 앞면이 나오면 10만 원을 잃고
(2) 동전의 뒷면이 나오면 15만 원을 얻음**

여러분들이라면 이 게임에 참여하시겠습니까?
손실과 이익의 확률은 50%로 동일한데 이익이 1.5배 더 큰 상황이지만 사람들은 이 게임을 거부했습니다. 15만 원을 딸 수 있다는 기대보다 10만 원을 잃을 수 있다는 두려움이 더 컸습니다. 추가 실험 결과 사람들은 평균적으로 딸 수 있는 금액이 잃는 금액보다 두 배 이상이 될 때 비로소 게임을 받아들였습니다.

앞에서 본 가치함수 그래프로 설명해 보겠습니다. S자 모양이 이익구간에서 짧고 손실구간에선 길게 늘어진 모양으로 10만 원을 얻었을 때 느끼는 기쁨보다 10만 원을 읽었을 때 느끼는 슬픔의 크기가 큽니다. 사람들은 같은 액수의 돈이라도 이익일 때보다 손실일 때 그 가치를 더 크게 느끼기 때문에 손실을 회피하려고 합니다. 바로 손실회피성이 발휘되는 것입니다.

손실을 회피하려는 경향은 18세기 경제학에서 애덤 스미스가 거론했을 정도로 사람의 중요한 특성입니다. 한 생물학자의 연구에 따르면 특정 지역의 터줏대감인 동물이 경쟁자의 도전을 받는 경우 터줏대감이 승리하는 경우가 대부분인데 싸움에서 지면 현재 지배하고 있는 지역을 내놓아야 하는 손실이 발생하기에 이기기 위해 더 죽기 살기로 싸움에 임하는 것으로 생각할 수 있습니다. 동물도 이러한데 사람은 얼마나 더하겠습니까? 그러고 보면 이 말은 참 공감이 가는 말입니다.

"사람을 비롯해 동물은 이익을 얻기보다는 손해를 보지 않기 위해 열심히 싸운다."

손해 보기 싫은 사람들을 위하여

앞에서 얘기한 전망이론의 핵심을 짧게 요약한다면 사람은 이득보다 손실에 더 민감해 손실을 피하려고 한다는 것입니다. 이런 손실회피의 경향이 영향을 미치는 비즈니스는 어떤 것이 있을까요?

'보험'을 예로 들어 보겠습니다. 상항에 따라 다르겠지만 일반적인 경우 어떤 사고가 발생했을 때 생길 금전적인 피해를 따져 계산해 보면 이미 낸 보험료가 기대손실보다 더 많을 수 있습니다. 예를 들어 제가 교통사고가 나 200만 원이라는 손실을 입었습니다. 보험료로 다 처리가 되었지만 제가 이제까지 낸 보험료가 300만 원이라고 친다면 보험을 가입한 제 행동은 비합리적입니다. 하지만 그럼에도 불구하고 저는 스스로 보험에 가입할 것입니다. 이유는 만약에 사고가 발생할 때 생길 손실이 저에게는 많은 고통으로 다가오기에 이를 피하고 싶어서입니다. 지금까지 지출한 돈의 단순한 합으로만 생각할 수 없는 여러 가지 손실들이 따라오기 때문입니다.

2008년 미국 뉴욕대학교와 메릴랜드 대학교 경영대학원 연구진이 돈을 지불할 때 나타나는 심리에 관한 실험을 했습니다. 참가자들에게 신용카드만 가능한 식당의 메뉴와 현금만 가능한 식당의 메뉴를 나눠 주고 메뉴를 선택하라고 했는데 신용카드만 사용하는 참가자들이 더 많은 돈을 소비했습니다.

신용카드로 지불할 경우 지금 돈을 쓰는 게 아니어서 사람들이 손실의 고통을 조금 덜 느끼며 자기도 모르게 더 많은 소비를 하는 경향이 있습니다. 각 통신사들이 자주 하는 프로모션인 보상판매는 사람들의 손실회피 심리를 줄여 주기 위한 것입니다. 이제까지 쓰던 서비스를 포기하는 게 사람들에게는 손실로 받아들여지기 때문에 그에 대한 적절한 보상을 해 주지 않는다면 굳이 다른 통신사를 이용할 이유가 없습니다. 사람들의 손실회피 심리를 사라지게 한다면 돈을 쓸 가능성이 그만큼 높아질 수 있습니다.

사람들의 손실회피 경향을 이용하여 현대자동차가 미국에서 진행한 프로모션은 상당한 성공을 거두었다고 합니다. 2009년 1월 현대자동차가 미국에 도입하여 센세이션을 일으킨 '어슈어런스(Assurance)' 프로그램입니다. 고객이 차량 구입 후 1년 안에 실직했을 경우 잔여 할부금 등으로 차를 다시 사 주는 프로모션이었는데 금융위기의 직격탄을 맞은 미국 소비자들의 마음을 정통으로 공략하는 데 성공하여 실제 매출 증가에도 도움이 되었다고 합니다. 이는 자동차 구매 후 실직하면 할부금을 제대로 내지 못하고 차량도 압류당할 수 있다는 미국 소비자의 불안감을 해소하는 데 도움을 주었는데 실직에 따른 미국 소비자가 겪을 수 있는 손실을 피할 수 있도록 해 준 것입니다.

사람은 확실한 이익과 불확실한 손실을 좋아합니다 : 가능성 효과와 확실성 효과

사람들은 이익보다 손실에 더 민감하게 반응하기 때문에 불확실한 이익보다 확실한 이익을 선호하며 확실한 손실보다는 불확실한 손실을 선호한다는 것입니다.

아래와 같은 선택지가 있다고 가정해 보겠습니다.

(1) 3,000만 원을 얻을 확률이 90%
(2) 2,500만 원을 얻을 확률이 100%
☞ **옵션 1, 2 중에 하나를 선택하세요.**

과연 저는 어떤 옵션을 선택할까요? 기대수익으로 본다면 1번은 2,700만 원이고 2번은 2,500만 원으로 기댓값만으로는 1번을 선택하는 게 유리합니다. 하지만 저는 2번을 선택할 것입니다. 이익을 볼 수 있는 상황에서 굳이 불확실성이 존재하는 이익인 1번보다는 확실한 이익이 있는 2번이 더 매력적이기 때문입니다. 사람들은 이익이 되는 영역에서 위험회피 행동을 하게 되는 경우가 많습니다.

그렇다면 반대의 경우는 어떨까요?

(3) 3,000만 원을 잃을 확률이 90%
(4) 2,500만 원을 잃을 확률이 100%
☞ **옵션 3, 4 중에 하나를 선택하세요.**

이번에 저는 어떤 옵션을 선택할까요? 기대손실로 보면 3번은 -2,700만 원이고 4번은 -2,500만 원입니다. 기대손실을 고려했을 때 4번을 선택해야 하지만 전 3번을 선택할 것입니다. 손해를 보는 상황에서는 이익을 볼 수 있는 상황과는 반대로 확실한 손실이 있는 4번보다는 불확실한 손실인 3번을 선택하는 게 더 유리하게 느껴지기 때문입니다. 사람들은 손실을 보는 영역에서는 위험 추구 행동을 하게 되는 것입니다.

사람들은 이익이 거의 확실할 때 낮은 손실 가능성을 크게 생각하고 손실이 거의 확실할 때 낮은 이익 가능성을 크게 생각합니다. 각 상황에 따라 의사결정을 좌우하는 결정 가중치가 달라지게 되는데 결정 가충치는 확률에 의해서 결정되는 것이 아니고 '나의 심리'가 만들어 내게 됩니다.

예를 들어 제가 어떤 병에 걸려 사망할 확률이 95%라고 한다면 저는 어떤 선택을 하게 될까요? 95%의 높은 가능성으로 사망할 확률에 가중치를 더 주고 이에 대한 방법을 찾을까요? 전 사람이라 그렇지 않을 것입니다. 5% 살 수 있는 확률을 더 크게 생각해 온갖 방법을 찾을 겁니다. 이와 같이 낮은 확률에 높은 가중치를 주는 것이 '가능성 효과(Possibility Effect)'입니다.

다른 예를 들어 보겠습니다. 제가 어떤 송사에 휘말려 1억 원의 손해배상 소송을 진행 중입니다. 제 담당 변호사는 90% 승소를 확신하고 있는 상황에서 상대편 변호사가 8,500만 원에 합의를 제안해 왔습니다. 저는 고민에 빠집니다. 그러다 결국 합의를 하게 됩니다. 제가 패배할 확률이 비록 10%이지만 패소하면 아무것도 받지 못하는 상황에 대한 불안이 크기 때문입니다. 15%의 금전적 손해를 보더라도 확실하게 보장받을 수 있는 85%를 선택하게 됩니다. 이것이 바로 '확실성 효과 (Certainty Effect)'라고 합니다.

대니엘 카너먼과 아모스 트버스키는 전망이론에서 사람들이 위험을 대하는 심리와 이에 따른 의사결정 유형을 네 가지 패턴으로 정리했는데 아래의 표와 같습니다.

	이익	손실
확률 높음 (확실성 효과)	Case 1 (위험 회피) 3,000만 원 얻을 확률 90% 2,500만 원 얻을 확률 100%	Case 3 (위험 추구) 3,000만 원 잃을 확률 90% 2,500만 원 잃을 확률 100%
확률 낮음 (가능성 효과)	Case 2 (위험추구) 3,000만 원 얻을 확률 5% 200만 원 얻을 확률 100%	Case 4 (위험회피) 3,000만 원 잃을 확률 5% 200만 원 잃을 확률 100%

이익이 되는 상황을 살펴보겠습니다.

Case 1에서 기댓값만을 보면 3,000만 원을 얻을 확률 90% 옵션을 선택하는 게 맞아 보이지만 한 푼도 받지 못할 확률 10%에 대한 두려움 때문에 위험을 회피하게 되고 확실한 확률인 2,500만 원을 얻는 옵션을 선택하게 됩니다.

Case 2에서 기댓값만을 보면 200만 원을 얻을 확률 100% 옵션을 선택하는 게 맞아 보이지만 큰 이익 가능성에 대한 5%에 희망을 걸고 위험을 추구하게 되어 3,000만 원을 얻을 확률 5% 옵션을 선택하게 됩니다.

손실이 되는 상황을 살펴보면

Case 3에서 기댓값만을 보면 2,500만 원을 잃을 확률 100% 옵션을 선택하는 게 맞아 보이지만 손실을 피할 확률 10%의 가능성에 희망을 두고 위험을 추구하게 되어 3,000만 원을 잃을 확률 90% 옵션을 선택하게 됩니다.

Case 4에서 기댓값만을 보면 3,000만 원을 잃을 확률 5% 옵션을 선택하는 게 맞아 보이지만 큰 손실가능성 5% 대한 두려움으로 인해 위험을 회피하게 되어 200만 원을 잃을 확률 100%인 옵션을 선택하게 됩니다.

인간에게는 기쁨은 나눠서 주고 고통은 합해서 줘라: 쾌락적 편집

우리가 세상을 살다 보면 복수의 이익과 손실이 발생하는 일을 접하기도 합니다. 이런 상황에서 인간은 어떤 선택을 하는지에 대해 리처드 탈러 교수님은 기대이론의 가치함수를 이용해 복합적 사건의 효용 극대화를 위한 방법으로 '쾌락적 편집(Hedonic Editing)'을 제시했습니다.

쾌락적 편집에서는 기쁨(이익)은 나누고 고통(손실)은 합하라고 합니다. 어떤 유통업체에서 할인 판매를 한다고 가정해 보겠습니다. 기존 판매가에서 20%를 할인해 주고 추가적으로 조건에 따라 10%를 할인해 주는 프로모션을 한다면 처음부터 30%라고 얘기하는 것과 20% 할인, 10% 추가 할인이라고 얘기하는 것 중 어느 것이 고객이 느끼기에 더 이익이 많게 느껴질까요?

나누어서 얘기하는 것이 고객이 느끼기에 더 이익이 많게 느껴질 것입니다. 이익은 나누어 제시하는 것이 상대방의 만족을 높일 수 있습니다. 기쁨을 한 번 주는 것보다는 두세 번에 걸쳐 나누어 주는 것이 효과가 더 크다는 것인데 이는 누군가에게 선물을 줄 때도 적용할 수 있습니다. 아이의 생일 선물로 10만 원짜리 큰 로봇을 하나 사 주는 것보다는 3만 원짜리 2개, 4만 원짜리 하나 총 3개를 사 줌으로써 아이가 받은 기쁨(이익)의 크기를 크게 지각하도록 만들 수 있습니다.

그렇다면 손실은 어떻게 해야 될까요? 이익은 쪼갰으나 손실은 합해야 합니다. 그래야 상대방의 불만족 또는 고통을 줄일 수 있습니다. 고통을 나눠서 주는 것보다는 한 번에 주는 것이 낫기 때문입니다. 대표적인 예가 놀이공원의 자유 이용권입니다. 놀이 시설 하나하나를 이용할 때마다 이용권을 사야 한다면 구매 때마다 고통을 느낄 수 있습니다. 이런 고객들의 손실 지각 최소화를 위해 놀이공원에서는 자유 이용권을 판매합니다. 고통을 한 번에 주는 겁니다. 파주에 있는 하니랜드라는 놀이공원에서는 '빅-5 이용권'이라는 자유이용권을 판매하는데 하니랜드에 있는 10개가 넘는 놀이기구 중 아무거나 5개를 골라 탈 수 있는 자유 이용권입니다. 물론 개별적으로 구매하여 타는 것보다는 저렴합니다.

하니랜드 빅-5 이용권

이런 '쾌락적 편집'에 근거해 본다면 저렴한 가격을 무기로 일단 상품을 판매한 후 현지에서 선택 관광을 강요하며 추가 비용을 받으려고 하는 것이 얼마나 어리석은 행동인지 알 수 있습니다.

'쾌락적 편집'에서 기쁨(이익)이 클 경우에는 합하고 고통(손실)이 클 경우에는 나누라고 합니다. 클 경우라고 했으니 비교 대상이 있다는 얘기입니다. 기쁨이 클 경우라는 얘기는 고통과 기쁨이 한꺼번에 발생했는데 비교를 해 보니 고통보다 기쁨이 크다는 얘기이며 고통이 클 경우라는 얘기는 그 반대의 경우를 얘기합니다. 물론 고통과 기쁨이라고 생각하는 기준점은 개개인마다 다를 수 있습니다.

아이가 나중에 커서 시험을 봤을 때 모든 과목을 자기가 세운 목표대로 볼 순 없을 것입니다. 자기 목표대로 되지 않을 때 전 우리 아이가 이렇게 생각했으면 합니다. 예를 들어 영어와 수학 시험을 보았는데 영어는 목표보다 20점을 더 받았고 수학은 목표 점수보다 10점이 모자랐습니다. 그랬을 땐 '영어는 20점 플러스고 수학은 10점 마이너스야.'라고 생각하기보다 '전체적으로 10점 플러스야(이익이 클 경우 합하라).'라고 생각했으면 합니다. 반대로 영어는 목표보다 20점이 모자랐고 수학은 목표보다 10점을 더 받았을 때는 '영어는 20점이 모자랐지만 수학은 10점을 더 받았어(손실이 클 경우 나누라).'라고 생각했으면 합니다.

웅진스마트올이 우리 아들에게 이것을 바랐을까요? 왠지 모를 상실감
: 소유 효과(Endowment effect)

저희 아이는 2016년생입니다. 2022년 아이가 7살 때였습니다. 어린이집에서 배우는 것을 제외하고 추가로 배우는 것은 유도밖에 없었습니다. 주변과 비교해 너무 아무것도 시키지 않는 것 같아 와이프가 '웅진스마트올'이라는 AI 스마트러닝 프로그램을 찾았고 마침 무료체험이 가능하여 신청을 했습니다.

무료체험 기간이 일주일 정도였는데 아이가 예상외로 웅진스마트올로 엄마와 함께 공부하는 걸 되게 좋아했습니다. 무료체험 종료 전 유료 서비스로 전환하자고 결정하고 혹시나 해서 아이에게 "웅진이 너무 좋아하니까 새로운 이쁜 웅진이를 보내 달라고 할 거고, 그러면 기존에 쓰던 웅진이는 보내 줘야 되니까 잠시 사용 못 할 수도 있어."라고 얘기를 미리 했습니다. 그러자 예상치 못한 반응이 아이에게서 나왔습니다. 너무나 서럽게 펑펑 울며 "웅진이 보내야 돼요? 이제 웅진이 못 해요? 싫어요~. 웅진이 안 보낼래요~." 제 머릿속에 리처드 탈러 교수님의 한마디가 떠올랐습니다. 'Endowment Effect(소유 효과)'.

『군주론』에는 "군주는 백성들의 재산을 빼앗는 일은 삼가야 한다. 인간은 재산을 잃은 슬픔보다 부모의 죽음을 더 빨리 잊는 존재이기 때문이다."라는 대목이 있습니다. 소유욕은 인간의 본성으로 자기가 가지고 있는 것을 잃거나 빼앗긴다는 것은 견딜 수 없는 상실감을 안겨 줍니다. 7살 아이에게 새로운 웅진이가 올 동안 무료체험용 웅진이를 보내야 한다는 것은 자기가 가지고 있는 것을 빼앗긴다는 느낌과 함께 견딜 수 없는 상실감을 줬습니다. 사람들이 손실회피경향이 강하다는 것은 전망이론에서 살펴보았습니다.

이처럼 어떤 대상 또는 사물을 소유하거나 소유할 수 있다고 생각하는 순간 그 대상 또는 사물에 대해 애정이 생기는데 미국의 행동경제학자 리처드 탈러는 이를 'Endowment Effect(소유 효과)'라고 이름을 붙였습니다.

소유 효과와 관련된 실험이 있었습니다. 실험 참가자들에게 동일한 머그컵을 나눠 주고 자신의 머그컵을 팔 경우 최소 판매 가격과 타인의 머그컵을 살 경우 최대로 구입할 수 있는 가격을 적으라고 했습니다. 결과는 어땠을까요? 최소 판매가는 5.2달러였고, 최대 구입 가격은 2.75달러였습니다. 동일한 제품이지만 소유 효과로 인해 구입가와 판매가를 다르게 매긴 것입니다.

이러한 결과가 나타나는 이유는 사람들이 자신이 보유한 제품을 포기할 때 느끼는 상실감이 새로운 제품을 얻었을 때의 기쁨보다 더 크기 때문입니다. 자신의 물건에 더 높은 가치를 부여하는 소유 효과로 인해 실제로 소유하지 않은 채 생각만 하는 것으로도 동일한 효과가 나타날 수 있습니다.

소유 효과가 자동차 구매 결정에 미치는 영향에 대한 연구도 있었는데요. 집단 A에게는 옵션 추가 방법을 통해 기본 모델(1,200만 원)에 추가

된 옵션만큼 가격이 올라가는 방법을 적용했고, 집단 B에는 옵션 제거 방법을 통해 풀 옵션 모델(1,700만 원)에서 제거된 옵션만큼 가격이 싸지는 방법을 적용했습니다.

연구 결과 옵션 추가 방법이 제시된 경우 자동차의 최종 구입 가격은 1,440만 원이고 옵션 제거 방법이 제시된 경우는 1,530만 원이었습니다. 옵션 제거 방법을 쓰는 경우가 평균 자동차 구입 가격이 더 높게 나타났는데 이는 자동차에 부착되어 있는 옵션에 대해 소비자가 보유 자산의 일부로 생각해서 그것을 포기하는 것에 대해 손실로 생각하는, 이미 부착된 옵션을 포기하는 손실이 옵션을 추가하는 이익보다 크게 느껴지기 때문에 부착된 옵션을 포기하려 하지 않았던 것입니다.

써 봤으면 반품할 리가 없어
: 소유 효과를 이용한 마케팅 사례

소유 효과를 이용한 대표적 마케팅 사례로 체험마케팅을 들 수 있습니다. 보통 환불보장제도(제품을 구매한 고객에게 일정기간 사용할 수 있는 기간을 주고, 그 기간 동안 사용한 제품이 불만족스러울 경우 제품을 돌려받고 고객에게 환불해 주는 제도)와 체험단 활동을 통해 일정 기간 고객들이 직업 제품을 사용해 보도록 하고 사용 후 할인된 가격으로 구입할 수 있는 기회를 제공하는 것이 일반적입니다. 고객들은 큰 부담 없이 제품을 구입할 수 있지만 사용기간이 끝난 후 제품을 돌려줄 때 느끼는 손실이 환불로 생기는 이익에 비해 더 크게 지각되기 때문에 반품을 하지 않을 것이라고 예상합니다. 전망이론에서 사람들이 손실회피성이 강하다는 것을 이용한 마케팅 전략이라고 할 수 있는데 얻는 것보다 잃는 것에 더욱 민감하게 반응하는 손실회피성 때문에 소유 효과가 생긴 물건을 반품할 때 손실로 인지하게 되고 그 손실을 회피하게 된다는 것입니다. 물론 제품 구매 후 일정기간 사용한 뒤에 반품하는 것을 습관적으로 하는 소비자도 분명 있을 것입니다. 그럼에도 불구하고 기업에서 체험마케팅을 진행하는 것은 그만큼 효과가 있다는 뜻이기도 합니다.

행동경제학 관련 여러 책에서 소유 효과를 이용한 마케팅 사례에 빠지지 않는 것이 바로 김치냉장고 '딤채'입니다. 시장 출시 초기인 1996년 200여 명의 체험단을 모집하고 이들에게 3개월간 무료로 제품을 사용해 본 후 구매 여부를 결정하게 했는데 결과는 100% 구매로 이어졌습니다. 3개월간 사용한 김치냉장고를 다시 반품하기가 상당히 어려웠을 것입니다.

또 다른 예로 '캐스퍼'라는 매트리스 제품을 들 수 있습니다. 캐스퍼는 2014년에 미국에서 창업한 회사인데, 수년 동안 사용할 물건을 매장에서 2~3분 정도 누워 보는 것으로 결정하는 것이 무리가 있다고 판단하고 고객이 집에서 매트리스를 100일 동안 사용해 볼 수 있게 해 줬습니다. 그 후 매트리스가 고객에게 맞지 않으면 무료로 반품을 해 줬는데 이러한 체험마케팅의 효과 덕에 캐스퍼는 2017년 매출이 약 6,000억 원까지 성장했습니다. 아무런 조건 없는 반품 정책에도 고객의 반품률은 7% 이하였습니다. 3개월이나 잘 때 사용하던 매트리스를 쉽게 반품하지 못했을 것이란 생각이 듭니다.

아마도 유통 채널 중 홈쇼핑이 체험마케팅을 가장 많이 사용하는 곳일 것입니다. 바로 무료체험 기회를 제공하는 것입니다. 무료체험 기간도 다양한데 짧은 것은 3일, 긴 것은 6개월 무료체험 기회를 제공하는 상품도 있습니다. 눈으로 직접 보고 구매하는 방식이 아닌 홈쇼핑에서 고객들에게 제품 사용 기회를 줄 수 있는 방법이며 이러한 체험마케팅의 배경에는 얻는 것보다 잃는 것에 더욱 민감하게 반응하는 손실회피성 때문에 나타나는 소유 효과가 자리 잡고 있습니다.

"내가 이놈의 회사 더러워서 때려 친다." 라고 말로만 하는 진짜 이유
: 현상유지편향

"모두가 세상을 변화시키려고 생각하지만 정작 스스로 변하겠다고 생각하는 사람은 없다." - 톨스토이

톨스토이는 그 시대에 어떻게 '현상유지편향(Status Quo Bias)'을 알고 이런 명언을 남겼을까요? 사람은 손실을 싫어하기 때문에 손실회피경향이 나타나고 이러한 손실회피성의 대표적인 예로 '보유 효과'가 있다고 얘기했습니다. 이와 비슷하지만 조금은 다른 게 '현상유지편향'인데요. '현상유지편향'은 사람이 지금 상태에서 벗어나는 것을 손실의 일종으로 생각하기 때문에 변화를 피하려는 심리적 경향을 말하는 것입니다.

유럽 국가 대부분은 운전면허를 신청할 때 장기기증 의사를 묻습니다. 흥미로운 사실은 유럽 국가에 따라 장기기증 의사가 차이가 난다는 것입니다. 오스트리아, 프랑스, 헝가리는 거의 100%가 기증 의사를 보인 반면 덴마크, 네덜란드, 영국, 독일 등의 국민 기증 의사 비율은 높아야 20%대라고 합니다.

왜 이렇게 차이가 날까요? 동서양의 차이라고 할 수도 없고, 문화와 민족성의 차이가 있다고는 할 수 있지만 그게 장기기증 의사 비율을 이렇게 차이가 나도록 만들 수 있을까 하는 의문이 듭니다.

이런 차이가 나타나는 이유는 운전면허 신청 양식에 있습니다.

* 장기기증 의사 비율이 높은 국가의 운전면허신청 양식 항목:
 장기기증 프로그램에 참여하고 싶지 않으면 옆의 박스에 체크하세요.

신청서에 뭔가 적어야 할 때 꼭 적어야 되는 항목 이외에 선택 항목의 경우 잘 작성하시나요? 전 귀찮아서 잘 작성하지 않습니다. "장기기증 프로그램에 참여하고 싶지 않으면 옆의 박스에 체크하세요."라는 선택 항목을 그냥 놔두게 되는 경우가 많을 것입니다. 어느새 장기기증 프로그램에 가입되게 됩니다.

* 장기기증 의사 비율이 낮은 국가의 운전면허신청 양식 항목:
 장기기증 프로그램에 참여하고 싶으면 옆의 박스에 체크하세요.

여기서는 "장기기증 프로그램에 참여하고 싶으면 옆의 박스에 체크하세요."라는 선택 항목을 그냥 놔두게 되는 경우가 많을 것입니다. 그 결과 대부분 장기기증 프로그램에 가입하지 않게 됩니다.

　두 집단에 속한 운전자들은 '현상유지편향'에 따라 선택 항목에 체크하지 않았을 뿐입니다. 그런데 결과는 정반대였습니다. 장기기증 의사 비율 차이는 신청서 양식에 있는 디폴트값(초깃값)의 차이에서 오는 결과입니다. 이렇기 때문에 현상유지편향을 디폴트편향이라고 부르기도 합니다.
　사람들의 행동을 변화시키는 일은 너무나 어렵습니다. 현상을 유지하려는 경향은 관성의 법칙이 인간의 마음속에도 있다는 것을 얘기해 줍니다. 친숙한 것을 좋아하고 변화를 싫어하는 것은 인간의 본성일 것입니다. 현재 상태는 익숙함, 스트레스 등이 적지만 새로운 상태는 불확실성이 많음을 의미합니다.

　직장인이라면 한 번쯤은 이런 얘기를 한 적 있을 겁니다. "내가 더러워서 이놈의 회사 때려 친다." 진짜 하시는 분들도 있지만 많은 분들이 그냥 다닙니다. 현상유지편향이 크게 작용하여 선뜻 실행하지 못합니다. 새로운 곳에 적응은 생각처럼 쉬운 게 아닙니다. 결국 원래 직장을 계속 다니게 되는 것입니다.

머리로 이해하지만 가슴으로 이해하지 못한다: 상대적 공정성

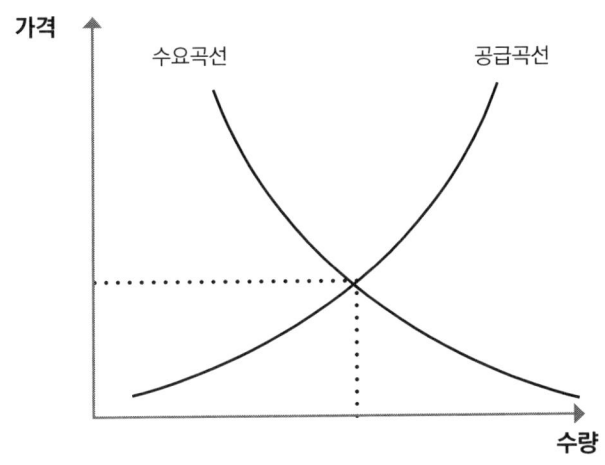

이 그래프를 보신 적이 있는 분들이 많을 겁니다. 수요와 공급곡선인데 보신 적이 없더라도 들어 본 적은 있을 겁니다. 저도 학생 때 경제학을 배우긴 했는데 이 수요와 공급곡선이 아직도 제일 뚜렷이 기억납니다. 이 수요와 공급곡선은 경제학에서 중요하게 다루어지는 개념입니다. 시장에서 거래되는 재화의 양과 시장에서 형성되는 가격을 결정하고 예측하는 데 수요와 공급 모형이 사용됩니다.

자유경쟁시장에서 수요와 공급이 일치되는 점에서 시장가격과 균형거래량이 결정된다는 것이 수요와 공급의 법칙입니다. 수요가 공급보다 많은 초과 수요가 발생하면 수요자들 사이의 경쟁으로 가격이 상승하고 이에 따라 수요량이 감소하고 공급량은 증가하여 균형 가격으로 돌아가게 됩니다.

여러분들은 수요와 공급의 법칙에 대해 이해하실 겁니다. 이 법칙을 이해하신다면 수요가 변하지 않는 가운데 공급이 적어지면 가격은 올라가고, 공급이 변하지 않는데 수요가 많아지면 가격이 올라간다는 말을 이해할 수 있을 겁니다.

물론 여기에서 학창 시절부터 배워 왔던 경제학의 한 법칙을 얘기하고 싶은 것은 아닙니다.

다음과 같은 경우를 생각해 보겠습니다.

약국에서 황사 방역용 마스크 KF94를 개당 1,000원에 팔고 있었습니다. 급작스러운 호흡기 바이러스가 유행한다는 뉴스가 나간 다음 날 KF94의 수요가 폭발하였습니다. KF94를 팔던 약국은 가격을 개당 3,000원으로 올렸습니다.

여러분은 이 경우에 KF94 마스크에 대한 약국의 가격 인상을 어떻게 생각하십니까? 그럴 수 있다고 대답하시는 분은 많지 않으실 겁니다. 급작스러운 호흡기 바이러스 때문에 KF94 마스크에 대한 수요가 폭발적으로 증가할 것으로 생각하고 가격을 올린 약국에 대해 불편한 시선으로 보실 분들이 많을 겁니다.

그런데 수요와 공급의 법칙을 생각해 보면 사람들은 공급이 변하지 않는 상황에서 갑작스러운 KF94 마스크의 수요 증가는 KF94 마스크 가격을 상승시킬 수 있다는 것을 이미 알고 있습니다. 그런데 실제로 가격이 올라가면 공정하지 않다고 생각할 사람들이 많습니다.

왜일까요? 머리로는 이해하지만, 마음으로는 이해하지 못하기 때문입니다. 사람이기 때문에 그렇습니다. 현실에서 수요의 증가가 가격의 상승을 부른다는 경제 원리를 머리로는 이해하고 있지만 마음속으로는 그런 일을 공정하지 못하다고 생각하기 때문입니다. 그래서 많은 기업이 수요가 증가해도 쉽게 가격을 올리지 못하는 것입니다.

코카콜라의 더글라스 아이베스터 회장은 1990년대 여름철 콜라의 가격을 올리는 새로운 전략을 발표한 적이 있습니다. 기온이 올라갈수록 콜라의 수요가 올라가니 그에 맞춰서 가격을 산정하겠다는 것이었습니다. 이런 소식이 알려지자 소비자들은 코카콜라에 분노했습니다. 코카콜라가 소비자에게 부당한 대우를 한다는 것이었습니다. 곧 매출에 영향이 있었고 결국 코카콜라는 새로운 판매 전략을 취소했습니다.

KF94 마스크나 코카콜라의 예는 수요공급의 원리로 이해할 수 있는 영역입니다. 하지만 사람들은 이런 행위를 공정하지 못하다고 평가합니다. 수요와 공급에 따른 시장 논리에 따라 공정성을 판단하는 것이 아니라 심리적 요인으로 판단하기 때문입니다.

사람들이 효율성을 추구하지만, 공정성도 중요하게 생각한다는 실험이 있습니다.

초과 수요가 있는 축구 경기 입장권 판매 방식에 대한 캐나다 밴쿠버 주민 대상의 선호조사가 있었습니다. 입장권 판매 방식으로 줄 서기, 경매, 추첨 가운데 무엇을 선호하는지 조사했는데 응답자들은 줄 서기를 가장 선호했습니다. 효율성 측면에서는 경매, 공정성 측면에서는 줄 서기와 추첨이 상대적으로 뛰어난 방식입니다. 이 응답에서 알 수 있는 것은 사람은 효율성도 추구하지만, 공정성 역시 중요하게 생각한다는 것입니다.

그렇다면 사람들은 어떤 기준에 의해서 공정함을 판단하는 것일까요? 이와 관련된 실험이 있습니다.

(1) 한 종업원이 복삿집에서 6개월째 일하고 있습니다. 시급은 9달러입니다. 복삿집 지역에 있는 공장이 폐쇄되면서 실업자가 많아졌습니다. 이것 때문에 다른 규모 가게들은 복삿집 종업원이 하는 일과 비슷한 업무를 시급 7달러에 채용하기 시작했습니다. 이에 복삿집 주인은 종업원의 시급을 7달러로 낮췄습니다.

(2) 한 종업원이 복삿집에서 6개월째 일하고 있습니다. 시급은 9달러입니다. 복삿집 지역에 있는 공장이 폐쇄되면서 실업자가 많아졌습니다. 이것 때문에 다른 규모 가게들은 복삿집 종업원이 하는 일과 비슷한 업무를 시급 7달러에 채용하기 시작했습니다. 이에 복삿집 주인은 종업원이 하는 일과 비슷한 업무를 담당하는 직원을 시급 7달러에 채용하기 시작했습니다. 복삿집에서 기존에 일하던 종업원이 그만두자 새 종업원을 시급 7달러에 채용했습니다.

1번과 2번 상황에 대해 여러분들이라면 어떻게 평가하시겠습니까? 설문에 응답한 참가자들은 1번 상황에 대해 17%가 수용할 수 있다고 답했고, 83%는 수용할 수 없다고 답했습니다. 2번 상황은 어떨까요? 설문에 응답한 참가자들의 73%가 수용할 수 있다고 답했고, 27%가 수용할 수 없다고 답했습니다.

1번과 2번은 실업자가 많아져 시급이 낮아진 상황으로 둘은 동일한 상황으로 볼 수 있습니다. 그런데 1번과 2번의 응답은 크게 달랐습니다. 무엇 때문일까요? 바로 종업원의 기존 임금입니다. 1번 상황에서 기존 종업원은 시급 9달러를 받았습니다. 이것이 응답 참가자들에게는 준거점이 되었던 것입니다. 그렇기 때문에 시급을 9달러에서 7달러를 줄이는 주인의 행위가 불공정하다고 느낀 것입니다. 2번에서는 새로 종업원을 채용하는 상황입니다. 새로 채용하는 상황이므로 준거점이 존재하지 않습니다. 그래서 시급을 7달러로 채용하는 주인의 행위를 수용할 수 있다고 답한 참가자들이 많았던 것입니다. 가격은 시장원리에 따라 결정될 수 있지만 거래 가격의 공정함은 심리적 판단에 의해서 이루어진 것입니다.

여기서 주목할 점은 바로 사람들이 인식하는 공정함이 준거의존성과 손실회피성에 영향을 많이 받는다는 사실입니다. 사람들은 공정을 판단할 때 준거점을 중요시하기 때문에 준거점으로부터의 손실을 심각하게 생각하게 되는 것입니다.

또 다른 실험을 보겠습니다.

(3) 몇 명의 종업원을 고용하고 있는 기업이 있습니다. 이 기업의 종업원 임금은 그 지역에서 평균 수준입니다. 최근 몇 달간 기업의 실적이 이전만큼 좋지 않았습니다. 사장은 다음 해 종업원 임금을 10% 삭감하기로 했습니다.

(4) 몇 명의 종업원을 고용하고 있는 기업이 있습니다. 이 기업의 종업원들은 임금의 매년 10% 정도에 해당하는 보너스를 받았는데 이 종업원들의 총 봉급은 그 지역 평균 수준입니다. 최근 몇 달간 기업의 실적이 이전만큼 좋지 않았습니다. 사장은 올해 보너스를 지급하지 않기로 했습니다.

3번 상황에 대해서 실험 참가자들은 39%가 수용 가능하다고 하였고 61%가 불공정하다고 답했습니다. 4번 상황에 대해서 실험 참가자들은 80%가 수용할 수 있다고 하였고, 20%가 불공정하다고 대답했습니다.

3번 상황에서 지금까지 받고 있었던 임금이 준거점으로 작용했습니다. 준거점으로부터의 임금 삭감은 종업원들에게는 큰 손실이라고 느껴지므로 불공정하다고 느끼는 응답자들이 많았습니다. 한편 4번 상황은 준거점이 보너스가 아닌 임금이라고 설정하면 추가 이득이 사라질 뿐이므로 3번 상황보다 준거점 의존성이 줄어들어 불공정하다고 생각하는 비율도 줄어들게 된 것입니다. 결국 준거점을 어떻게 두느냐에 따라 공정성을 다르게 판단하고 있다는 것을 알 수 있습니다.

아빠는 계산할 때 멋져요(?)
: 지불의 고통(Pay Of Paying)

지불의 고통, 장난감

21년 10월 초 일요일이었습니다. 와이프의 주말 문화센터 강의가 많은 날이었습니다. 6살 아들과 둘이 점심을 먹으러 밖에 나갔다가 이왕 나온 거 밖에서 좀 놀다 가기로 했습니다. 어디를 갈까 고민하다 파주출판단지 근처에 있는 나눔농장에 갔습니다. 그러나 날씨가 너무도 좋은 10월 초 일요일이라 대기하는 사람들이 무척이나 많았습니다. 일단 나눔농장은 포기하고 파주 팜랜드로 갔습니다. 나눔농장보다 상황이 더 좋지 않았습니다. 주차장도 못 들어가 보고 돌아 나왔습니다. 하니랜드로 가 보기로 했습니다. 내비게이션에 표시된 거리에 비해 도착 시간이 너무 많이 소요되는 게 느낌이 아주 싸했습니다. 하니랜드 도착까지 700미터가 남았는데 도착 소요 시간이 30분 넘게 걸린다고 나왔습니다. 결국 다시 돌아 나와 집으로 향했습니다. 세 곳에서 퇴짜를 맞은 6살 아들은 너무나 슬퍼하고 있었습니다. 너무 미안한 마음이 들어 집에 가는 길에 쇼핑몰에 들러 장난감 구경만 하고 가자고 했습니다. 아들이 너무 기뻐하며 좋다고 소리쳤습니다. 이때 아들의 음흉(?)한 계획을 알아챘어야 했습니다. 장난감 코너를 둘러보던 아들은 갔던 곳을 수십 번 다시 갔습니다. 이거는 뭐냐고 물으며 볼 때마다 그 장난감을 저에게 인지시켰습니다. 구경만 한다고 오기 전에 약속했으니 아들은 그 약속을 지키려고 노력하는 척은 했습니다. 결국 제가 질 거라는 것을 알고 있었습니다. 그 장난감을 샀습니다. 카드를 차에 두고 왔습니다. 때마침 주머니에 현금이 있어 현금으로 결제했습니다. 6살 아들의 표정은 아주 즐거워 보였습니다. 저도 웃고는 있었지만, 마음 한쪽이 아려 왔습니다. 이런 제 마음을 알았는지 아들이 저에게 얘기해 줬습니다. "아빠는 계산할 때 멋져요." 아들에게 그렇게 인색하지 않은 편인데 왜 마음 한쪽이 아려 왔을까요?

'지불의 고통(Pain Of Paying)'이라는 말이 있습니다. 이 말은 오퍼 젤러메이어(Ofer Zellemayer)가 1996년에 자신의 경제학 박사학위 논문에서 만들어 낸 개념으로 사람들은 소비한 것에 대한 대가를 지불할 때 고통을 느낀다는 것입니다.

지불의 고통은 행동경제학에서 강조하는 손실회피와 깊은 관련이 있습니다. 쇼핑에는 크게 두 가지 행위가 포함되어 있습니다. 쇼핑과 지불입니다. 쇼핑 행위 자체는 즐겁습니다. 이거 살까 저거 살까 나름 행복한 고민도 해 보고 어떤 상품들이 있나 둘러보는 것도 재미있는 일입니다. 전 스포츠용품 코너를 둘러보는 걸 참 좋아합니다. 마음에 드는 관절보호대를 하나 고릅니다. 이제 계산을 해야 됩니다. 쇼핑의 마지막에 반드시 따라오는 지불 행위입니다. 지불 행위는 나에게 있는 돈을 지급해야 하는 것으로 일종의 손실로 생각할 수 있습니다. 사람들은 손실을 피하고 싶어 합니다. 그렇기 때문에 지불의 고통을 경험한다고 젤러메이어는 얘기합니다.

이런 지불의 고통은 항상 동일하게 나타나는 것은 아닙니다. 현금보다는 신용카드로 결제할 때 지불의 고통이 더 적다고 합니다. 신용카드가 돈의 느낌이 덜하고 바로 현금이 줄어드는 것이 보이지 않기 때문입니다. 지불의 과정이 보이지 않아 지불의 고통을 피하기 위해 현금보다 신용카드 결제를 선호하는 것입니다.

댄 애리얼리라는 행동경제학자인 듀크대 경제학과 교수님이 계십니다. 이 교수님의 지불의 고통에 대한 강의를 EBS 「위대한 수업」에서 본

적이 있습니다. 이전 연구에서 신용카드 결제가 현금 결제보다 지불의 고통이 적다는 사실을 알았는데 결제 수단으로서의 현금과 신용카드의 차이에 대해서 초점을 맞추고 있습니다.

애리얼리 교수님은 심리적인 측면에서 이유를 살펴봤습니다. 소비자의 관심이 어디에 있느냐가 핵심이라고 얘기합니다. 음식을 먹거나 상품을 고르는 소비 행위에는 돈의 개입이 없는 상태입니다. 돈은 소비에 대한 대가를 치르는 단계에서 개입되게 됩니다. 소비 행위가 즐겁기 위해서는 지불하는 행위에 대해 최대한 신경을 쓰지 말아야 합니다.

지불에 대한 관심을 줄이려면 어떻게 해야 할까요?

소비는 내가 하고 지불은 다른 사람이 하는 것입니다. 앞서 얘기드린 제 아들이 장난감을 사는 과정을 떠올리면 쉽게 이해가 가실 겁니다.

장난감은 제가 가지고 노는 것이 아닌 아들이 가지고 노는 것입니다. 저는 돈만 지불했습니다. 소비는 아들이 하고 지불은 제가 했습니다. 아들은 소비 행위가 즐거울 수밖에 없었습니다.

다음으로 소비 전에 선불로 지불하는 것입니다. 저는 쿠페이(쿠팡 결제수단)와 네이버페이(네이버쇼핑 결제수단)에 일정 금액을 충전해 놓고 사용합니다. 쿠페이는 식품을 구매할 때 주로 사용하고 네이버페이는 식품 이외의 쇼핑을 할 때 사용합니다. 쇼핑에 집중할 수 있어서 좋습니다. 그리고 내 통장에서 돈이 나가긴 했지만, 돈을 지불한다는 생각이 크게 들지 않습니다. 왠지 공짜로 물건을 산다는 생각도 듭니다. 그래서 꼭 일정한 금액만 충전합니다.

지불의 고통을 줄이는 핵심은 지불에 대한 관심을 최소화할 수 있는 상황을 만드는 것입니다.

전 신용카드로 아들의 장난감을 결제해야 했습니다. 현금으로 결제해서 마음 한편이 아렸던 것이었습니다. 제 잘못이 아니었습니다.

제2부

아는 길도 돌아갈까?

— 사람은 대충 판단하고 확신한다

인간의 생각은 게으르다, 이게 본성이다

아주대학교 심리학과 교수인 김경일 교수님이 쓰신 『지혜의 심리학』에 "뇌에서는 늘 뉴런들이 활동하고 있는데 왜 우리는 늘 생각하고 있다는 느낌이 없을까? 뇌는 부지런하지만 우리의 생각은 게으르기 때문이다. 이를 두고 인지 심리학자는 '인간은 인지적 구두쇠(cognitive miser)'라는 표현을 사용한다."라는 구절이 있습니다.

인지적 구두쇠란 생각을 잘 하지 않으려는 사람의 경향을 얘기하는 것인데 인지심리학자들은 이것이 인간의 본성에 가까운 경향성 가운데 하나라고 이야기합니다. 사람은 최소의 노력, 최소의 비용으로 어떠한 문제를 해결하려는 본능이 있는데 인지적으로도 마찬가지란 것입니다. 많이 생각할수록 에너지가 많이 소모되고 지치기 때문에 편안한 쪽을 선택하는 것입니다. 그래서 대충 판단하고 생각해서 어떤 한 결론을 내리게 되는데 가장 이상적인 답을 찾기보다는 어느 정도 만족스러운 답을 구하고 행동하게 됩니다. 판단에 필요한 시간도 절약하고 관련 정보를 수집하고 처리하는 과정을 줄이기 위해 직관에 따라 어림잡아 판단합니다. 이것이 바로 인지적 지름길을 이용한 빠른 의사결정 방법인 휴리스틱입니다.

제가 사는 동네에 한 중화요리 전문점이 있습니다. 제 아들은 토요일에 자장면을 먹지 않으면 아주 큰일이 나는 줄 압니다. 토요일 유도장에서 가족 운동을 마치고 나면 언제나 그렇듯 자장면을 먹자고 합니다. 이 중화요리 전문점은 한국에 있는 여타의 중화요리 전문점과 비슷하게 엄청난 스피드를 자랑합니다. 보통 전화주문을 하고 나서 밥 먹을 준비를 하고 있으면 초인종이 울립니다. 배달이 아무리 밀려도 보통 10분을 넘기지 않습니다. 어떤 날은 채 5분도 되지 않아 초인종이 울릴 때도 있습니다. 우리나라를 대표하는 '빨리빨리 문화'가 제대로 적용되어 있는 식당입니다. 이런 초스피드 문화가 좋은 면도 분명히 있습니다. 빠르면서도 정확성까지 갖추고 있다면 문제를 빨리 풀어내는 편이 바람직하고 효율적인 것은 두말할 필요도 없습니다. 하지만 찬찬히 생각해 보면 빠르면서도 정확한 것은 항상 같이 갈 수 없는 속성들입니다.

행동경제학에서 중요하게 다루는 이론 가운데 이에 해당되는 것이 있습니다. 다양한 변수를 종합적으로 그리고 논리적으로 생각해 의사결정을 하는 대신에 자신의 상식과 경험에 바탕을 두고 단순하게 생각해 직감에 따라 의사결정을 하는 경향을 '휴리스틱(heuristic)'이라고 합니다.

이성과 합리적인 사고로 판단하는 '호모 이코노미쿠스'라면 휴리스틱에 의한 의사결정을 하지 않아야 하지만 사람은 인지적 구두쇠이고 이것은 사람의 본성에 가깝기 때문에 '휴리스틱' 의사결정을 하게 된다는 것입니다. 이런 휴리스틱에 의한 선택은 커다란 노력을 들이지 않고 결론을 내리게 해 주는 긍정적인 측면도 있긴 하지만 많은 경우에 옳지 않은 선택을 유도하거나 어떤 때에는 말도 안 되는 결론을 내게 한다는 단점도 있습니다.

내 머릿속 두 개의 시스템

사람들의 뇌에는 두 가지 사고방식이 공존하고 있습니다. 심리학자인 카스 스토노비치(Keith Stanovich)와 리처드 웨스트(Richard West)가 제안한 개념인 '시스템 1'과 '시스템 2'가 그것입니다.

'시스템 1'은 자기도 모르게 자동으로 바르게 작동하는 사고방식이며 큰 고민이 필요 없는 사고방식입니다. 그래서 '시스템 1'을 '자동시스템(Automatic system)'이라고 부르기도 합니다. 이에 반해 '시스템 2'는 의도적인 노력을 해야 하는 사고방식입니다. 복잡한 계산이나 의도적인 노력이 필요할 때 주의를 집중해서 생각하는 방식입니다. 설명에서 이미 짐작하시겠지만, '시스템 1'은 신속하게 작동하고 직감적입니다.

저는 아이가 늦게 생겼습니다. 결혼한 지 10년 만에 아이가 생겼는데 그래서 그런지 모르지만, 우리 아이 말고도 다른 아이들을 보면 저도 모르게 '아빠 미소'를 짓게 됩니다. 복잡한 계산이나 의도적인 노력을 해서 짓는 미소가 아닙니다. 그냥 자동으로 나오는 것입니다.

그런데 '시스템 2'는 다릅니다. 의도적인 노력이 필요합니다. 그래서 '시스템 1'보다 느릴 수밖에 없습니다. 누군가가 저에게 "마케팅이란 무엇입니까?"라고 묻는다면 어린아이를 봤을 때 저도 모르게 나오는 아빠 미소와는 달리 마케팅이란 무엇인가에 대한 설명을 시작하기까지 시간이 필요합니다. 신중하고 의식적인 게 '시스템 2'입니다. 사람을 동물과

구별하는 것 중의 하나가 바로 이 '시스템 2'라는 사고방식입니다. 어떤 시험을 볼 때나, 여름휴가 계획을 세울 때, 어떤 상품의 가치를 비교할 때 사람은 '시스템 2'에 의존하게 됩니다.

이런 특징을 가지고 있는 '시스템 1'과 '시스템 2'는 나름의 분업에 의해 돌아가고 있습니다. 쉽거나 일상적인 일은 시스템 1이 담당하고 전에 하지 않았던 새로운 일이나 머리를 써야 되는 일은 시스템 2가 맡습니다.

제가 퀴즈 대회에 나갔습니다. 그리고 아래의 문제가 나왔다고 가정해 보겠습니다.

* **복싱글러브와 복싱 붕대의 세트 상품의 판매가격은 11,000원입니다. 복싱글러브는 복싱 붕대보다 10,000원이 비쌉니다. 복싱 붕대의 가격은 얼마일까요?**

퀴즈대회에선 먼저 벨을 눌러야 답을 말할 수 있습니다. 벨을 빨리 눌러야 합니다. 그래서 전 벨을 일단 눌렀습니다. 그리고 이렇게 답했습니다.
"복싱 붕대는 1,000원입니다." 여기까지는 시스템 1이 작동했습니다. 직관적으로 복싱글러브는 10,000원, 복싱 붕대는 1,000원이라는 생각이 떠올라서 저는 그렇게 대답했습니다. 맞았을까요?

지금부터 시스템 2가 작동합니다. 복싱 붕대가 1,000원이라면 복싱글러브는 복싱 붕대보다 10,000원이 비싸기 때문에 복싱글러브의 가격은 11,000원이 됩니다. 그래서 복싱글러브와 복싱 붕대 세트 상품의 가격은 12,000원이 됩니다.

문제에서 복싱글러브와 복싱 붕대 세트 상품의 판매가격은 11,000원이라고 했습니다. 그렇기에 복싱 붕대의 가격은 1,000원이 될 수 없습니다. 복싱 붕대의 가격은 500원입니다.

그런데 만약 수학 시간에 이 문제가 나왔다면 어땠을까요?
복싱글러브 가격을 X, 복싱 붕대 가격을 Y로 놓고 연립방정식을 사용하여 복싱글러브는 10,500원, 복싱 붕대는 500원이라고 계산했을 겁니다.

머릿속에 1,000원이라는 생각이 든 것은 시스템 1이 작용한 결과입니다. 시스템 1은 그럴듯하면 그대로 믿어 버립니다. 수학 시간에 문제를 푸는 것과 같았다면 시스템 2가 작용해서 조금 더 고민하고 해결했을 겁니다.

시스템 1과 시스템 2가 분업 체제를 구축하고 있지만 결과가 항상 좋은 것만은 아닙니다. 1999년 심리학자인 대니얼 사이먼스와 크리스토퍼 차브리스는 'Invisible Gorilla(보이지 않는 고릴라)'라는 실험을 진행했습니다.

검은색 셔츠를 입은 팀과 흰색 셔츠를 입은 팀으로 나뉜 학생들이 농구공을 서로 주고받는 동영상을 사람들에게 보여 주고 흰색 셔츠를 입은 팀이 패스한 횟수만을 세도록 했습니다. 이 영상에는 한 가지 특이한 점이 있었는데 두 팀이 농구공을 패스하는 동안 고릴라 의상을 입은 사람이 나타나서 천천히 화면 앞을 지나갑니다. 영상이 끝난 후 실험 참가자들에게 고릴라를 보았냐고 물었지만 참가자들은 보지 못했다고 답한 경우가 많았습니다.

이와 같은 경우를 '주의력 착각(Inattentional Blindness)'이라고 하는데 한 가지에 집중하면 다른 것을 보지 못하는 현상을 얘기합니다. 이런 일이 가능한 이유가 무엇일까요?

시스템 1은 오랜 시간 집중하지 못합니다. 오랜 시간 주의를 기울이고 집중하는 것은 시스템 2의 역할입니다. 하지만 이 시스템 2는 한 가지에 집중하면 다른 것을 동시에 하지 못하는 특징을 가지고 있습니다. '보이지 않는 고릴라' 실험에서 참가자들은 흰색 셔츠 팀의 패스 횟수를 세는 것에 집중했습니다. 당연히 시스템 2가 작동했습니다. 그러다 보니 눈앞에 커다란 고릴라가 지나가는 것을 볼 수 없었던 것입니다.

호모 이모노미쿠스로서 판단하자면 시스템 2를 사용해야 합니다. 하지만 시스템 2는 별도의 노력 또는 주의를 기울여야 합니다. 때론 힘들기도 하고 에너지 소모가 많습니다. 그래서 시스템 2보다는 사람들은 쉽고 편한 시스템 1에 많이 의존하게 됩니다. 그렇기 때문에 직관에 의존해 빠르게 생각하는 시스템 1은 특정 상황에서 오류나 실수가 일어날 확률이 높습니다. 일단 믿고 보는 시스템 1의 판단력은 대체로 좁은 생각의 프레임을 만들게 됩니다.

내 머릿속 조정장치: 이용가능성 휴리스틱

나태주 시인의 「풀꽃 1」이라는 시에는 이런 구절이 나옵니다. "오래 보아야 사랑스럽다" 오래 본다는 것을 그만큼 많이 봤다는 의미로 해석한다면 노출 빈도가 그 사람에 대한 호의적인 태도를 보이게 하는 데 도움을 줬다는 의미입니다. 이 사실은 어느 정도 입증이 된 내용입니다. 광고심리학에서 얘기하는 '단순노출 효과'라는 게 있습니다. 소비자 본인의 의지나 의식적인 활동과는 무관하게 어떤 대상에 대한 노출이 지속해서 될 때 그 대상에 관한 호의가 증가한다는 주장으로 자이언스의 연구(1968)에 의하면 처음으로 접하게 되는 자극에 대해 특별한 보상이 주어지지 않아도 단지 접촉 횟수가 늘어남에 따라서 친근감과 호의가 증가한다고 합니다.

행동경제학자들은 시스템 1 때문에 어떤 사람에게 인지적 오류가 발생하는 현상들을 발견했습니다. 그 대표적인 것이 휴리스틱이고 그중에서도 몇 가지를 살펴보고자 합니다.

카너먼과 트버스키는 『사이언스』에 「불확실한 상황에서의 판단: 휴리스틱과 편향: Judgement Under Uncertainty: Heuristics and Biases」라는 논문을 발표했습니다. 인간에게 주어진 시간과 지적 능력은 제한적이기 때문에 사람들은 단순한 경험 법칙, 즉 휴리스틱을 기반으로 의사결정을 내리는데 이용가능성 휴리스틱, 대표성 휴리스틱, 닻(기준점)으로부터 조정을 언급했습니다.

이 중에서도 이용가능성 휴리스틱(availability heuristic)에 대해 먼저 알아보겠습니다. 이용가능성 휴리스틱은 머릿속에 쉽게 떠오르는 특정 사례 때문에 실제 발생 가능성이 크다고 판단하는 착각을 말합니다.

잊을 만하면 식품 제조와 관련되어 불미스러운 사건들이 발생하곤 합니다. 2022년 2월 한 유명 식품회사의 자회사에서 썩은 배추로 김치를 제조하는 영상이 공개되면서 큰 충격을 준 일이 있었습니다. 그 유명 식품회사는 정부가 명인으로 지정한 분이 대표로 있었던 기업입니다. 꽤 많은 매출을 기록하던 회사로 대기업 급식업체와 종합병원, 리조트, 홈쇼핑 등의 김치를 납품해 왔었습니다. 이런 발표가 나자 TV 홈쇼핑사에서는 김치 제품 전반의 재점검을 위해 해당 유명 회사의 김치 방송 편성을 취소하고 판매를 중단했습니다. 홈쇼핑에서 판매된 상품은 영상이 공개된 식품회사의 자회사가 만든 상품이 아닌데도 불구하고 홈쇼핑사는 왜 김치 판매를 중단했을까요? 여러분은 이런 뉴스를 접하게 되면 어떤 생각이 드시나요? '아, 이 김치는 문제가 된 회사에서 만든 게 아니라서 괜찮아.'라고 생각하시나요? 아니면 '그 모회사가 홈쇼핑에도 김치를 판매했다는데… 당분간 홈쇼핑에서 파는 김치는 사지 말아야겠어.'라고 생각하시나요? 사람마다 다르겠지만 후자 쪽이 더 많을 겁니다. 즉, 시스템 1이 작동하면서 머릿속에 생각나는 특정 사건이 실제로도 발생할 가능성이 크다고 믿어 버리게 됩니다. 이런 상황에 홈쇼핑 채널에서 김치 판매 방송을 한다면 과연 얼마나 많은 소비자가 김치를 구매할까요? 썩은 배추김치 제조 관련 뉴스를 본 소비자들이라면 일단 김치 구매를 주저할 겁니다.

격투기 프로그램에 출연했던 한 출연자가 로또 1위에 당첨되었다는 소식이 있었습니다. 저의 예상이긴 하지만 그 소식이 있던 날 아마도 로또를 구매한 사람들이 많았을 것 같습니다. 그분이 로또 1등에 당첨되었다는 사실은 다른 사람들의 로또 당첨 확률을 높여 주지 않지만, 사람들은 나도 당첨될 것 같은 생각으로 로또를 구매하게 됩니다. 그런데도 당첨 확률은 여전히 약 1/814만입니다.

저는 운동을 좋아합니다. 그래서 SNS에 좋아하는 운동을 해시태그로 지정해 놨습니다. 제 SNS만 보면 그 운동을 하는 분들이 아주 많습니다. 남녀노소를 가리지 않고 많습니다. 하지만 이것은 심각하게 편향된 내용입니다. 제가 그 운동을 해시태그로 지정해 놨기 때문에 그 운동을 해시태그로 쓰는 게시물들이 저에게 노출되는 것입니다.

사람은 머릿속에 자주 접하는 이야기가 금방 떠오르게 마련입니다. 접하는 빈도가 높을수록 머릿속에 기억되고 쉽게 떠오릅니다. 이것은 사람의 개인적 성격이나 취향으로 인해 특정 사건에 관심이 많은 경우 이용가능성 휴리스틱이 작용할 수 있습니다. 예를 들어 연예인들의 이혼에 관심이 많은 분은 연예인들의 결혼 생활이 일반 사람들보다 행복하지 않을 것이며 오래가지도 못할 것으로 생각할 수도 있습니다.

개인의 경험이 큰 영향을 미치기도 합니다. 저는 어릴 적 바닷물에 빠져 크게 놀란 적이 있습니다. 그래서 저에게 바다는 여전히 매우 불안전한 곳입니다. 무릎 이상 깊이가 되는 물에는 들어가길 주저하게 됩니다. 그리고 고소공포증이 있어 'OO 대교' 등을 지나갈 때는 지나치게 긴장을 하게 됩니다. 차를 타고 지나감에도 불구하고 다리를 완전히 건널 때까지 같이 타고 가는 아내나 아들이 한마디도 못 하고 같이 긴장하고 있어야 합니다.

기업들은 이런 이용가능성 휴리스틱을 이용하고 있습니다. '자사 상품이나 브랜드를 소비자의 머릿속 가장 맨 앞자리에 배치하는 것'입니다.

가장 많이 사용하는 방법이 자신들의 제품이나 서비스를 소비자에게 자주 노출시키는 전략입니다. 유럽을 배경으로 하는 첩보영화에서 유독 두 유명 회사의 자동차를 자주 보게 됩니다. 벤츠와 BMW입니다. 의도가 없을 리 없습니다.

'노랑통닭'이라는 치킨 프랜차이즈 브랜드는 한강 소풍을 즐기는 사람들을 위해 착한 돗자리 캠페인을 시작했습니다.
친구나 가족들끼리 한강에 가서 돗자리를 깔고 앉아 배달 음식을 시켜 먹는 것은 드문 일이 아닙니다. 노랑통닭은 사람들이 돗자리를 챙기거나 돈을 주고 빌리지 않아도 되는 편리함을 제공했습니다. 착한 돗자리는 친환경 크래프트지를 사용했고, 한강에서 손쉽게 뜯어서 사용할 수 있습니다. 이 착한 돗자리를 본 사람들은 노랑통닭이라는 브랜드를 잊지 못할 것입니다. 소비자들의 머릿속에 너무도 강렬하게 노랑통닭의 브랜드를 각인시켰다고 생각합니다.

포스트잇으로 유명한 3M은 자사의 안전유리가 매우 튼튼하다는 사실을 알리기 위해 버스 정류장의 바람막이 유리창을 자사의 안전 유리창으로 바꾸고 그 속에 돈다발을 넣어 두었습니다.
가져갈 수 있으면 유리를 깨고 가져가라는 광고를 해 사람들의 시선을 한 번에 사로잡았습니다. 이 광고를 접한 사람들은 과연 안전유리 하면 어떤 상품을 먼저 떠오를까요? 아주 강렬하게 3M 안전유리가 생각날 것입니다.
이용가능성 휴리스틱은 생각이 쉽게 떠오르는 정도로 판단할 뿐 실제 발생 확률과는 상관이 없습니다. 한 실험에서 사람들에게 종이를 주고 자신의 단점 6개를 쓰라고 한 후 자신을 평가하라고 했을 경우 사람들은 자신을 단점이 많은 사람이라고 평가했지만 12개의 단점을 찾아 쓰도록 한 경우 8~9개 정도 쓰는 데 그쳤고 사람들은 자신을 '단점이 많지 않은' 사람이라고 평가했다고 합니다. 6개의 단점을 쓴 사람들은 단점이 많다고 생각했고, 8~9개의 단점을 쓴 사람들은 단점이 적다고 생각했습니다. 더 많은 단점을 써 놓고도 생각해 내기 어려워 12개를 채우지 못한 경우엔 단점을 과소평가하게 된 것입니다.

시스템 1은 기본적으로 통계에 약합니다. 사람들은 정보를 구체적 사례의 발생 건수로 접할 때 확률보다 더 큰 영향을 받습니다. 어떤 전염병의 사망률이 1%라는 보도를 접했을 때보다 100명 중에 1명이 사망한다는 보도를 접했을 때 더 충격을 받게 됩니다. 1%라는 확률을 생각할 때는 1/100을 생각하지 않고 1이라는 작은 숫자에 주목하게 되지만, 100명 중에 1명이라는 생각을 할 때는 그 1명에 자신이 들어갈 수도 있다는 데 불안감을 느끼게 되는 것입니다.

척 보면 안다는 그대들의 착각
: 대표성 휴리스틱

이런 예를 들어 보겠습니다. 제가 회사를 창업했고, 주식시장에 상장까지 했습니다. 제가 곧 회사의 브랜드였습니다. 애플의 CEO였던 고 스티브 잡스처럼 제가 곧 회사였습니다.

회사를 잘 운영하다 CEO 자리를 넘겨주고 훌쩍 여행을 떠나 버렸습니다. CEO 자리를 넘겨줬다고 알려진 날 회사 주가는 5% 이상 떨어졌습니다. 주변 사람들의 성화에 못 이겨 공동대표 형식으로 다시 CEO로 복귀하자 그것이 알려진 날 회사의 주가는 5% 이상 올랐습니다.

회사의 주식은 왜 제가 CEO를 넘겨주거나, CEO에 복귀할 때 그렇게 변화가 있었을까요? 대략 예상을 하실 겁니다. 제가 곧 회사의 브랜드였고, 제가 곧 회사였습니다. 저라는 사람을 회사라는 집단과 동일시했기 때문입니다(물론 그저 상상일 뿐입니다).

또 다른 예를 들어 보겠습니다.
한국 사람들이 코로나나 메르스 같은 전염병에 강하다는 이야기가 나온다면 사람들은 무엇을 연상할까요? 아마도 많은 분이 '김치, 마늘' 등을 먼저 생각할 것입니다. 발효식품이 면역력에 도움이 될 순 있지만 바이러스와의 과학적 관계가 규명되기 전까지 그렇게 판단하는 것은 성급한 것입니다. 이처럼 일부의 한 특성을 그 집단의 특성을 대표하는 것으로 판단하는 경향이 바로 대표성 휴리스틱(Representativeness heuristic)이라고 합니다.

사람은 대표성이 있다고 판단되는 작은 정보를 가지고 빨리 의사결정을 하는 오류를 자주 범하게 됩니다. 저희 아내는 혈액형이 'A형'입니다. A형은 소심하다고 얘기합니다. 그런데 아무리 봐도 제 아내는 소심하지 않습니다. 대한민국 국민이라면 대부분 알고 있는 혈액형별 성격유형이 대표적인 대표성 휴리스틱입니다. 정말 A형이 소심하다는 것을 증명하려면 전 세계 인구 중 혈액형이 A형인 사람을 조사하고 분석한 결과가 필요합니다. 조금만 살펴보더라도 혈액형별 성격유형과 실제 성격이 맞지 않는 사람이 더 많을 것입니다.

어떤 강연장에서 강사가 이런 퀴즈를 냅니다.

"충경이는 키가 작지만, 근육질의 체형을 가지고 있고, 주 6일 정도 근력 운동과 복싱, 유도를 합니다. 책 읽기와 글쓰기를 대단히 좋아하고, 동료들과 어울려 술 마시기도 좋아합니다. 충경이의 직업은 회사원일까요? 아니면 피트니스센터의 퍼스널 트레이너일까요?"

대부분은 퍼스널 트레이너라고 답할 것입니다. 키가 작지만, 근육질의 체형을 가지고 있고 각종 운동을 하는 특징이 퍼스널 트레이너의 특징에 해당한다고 생각한 결과입니다. 그러나 이때 시스템 2가 작동한다면 어떻게 될까요?

"우리나라에 퍼스널 트레이너보다 일반 회사원의 수가 더 많을 것입니다. 일반 회사원이라고 해서 근육질이 아니고 각종 운동을 좋아하지 말라는 법은 없습니다. 좀 더 분석적으로 생각해 본다면 충경이는 숫자가 더 많은 회사원일 확률이 더 높습니다."

예전에 한 코미디언이 이런 유행어를 만든 적이 있습니다. "척 보면 앱니다." 이 말은 대표성 휴리스틱을 상징하는 표현입니다. 하지만 이 말은 상당한 위험성도 가지고 있습니다. 이러한 의사결정으로 많은 오류가 발생했을 것이고, 억울한 피해자도 있었을 것입니다.

저는 초등학교 때까지 공부에 큰 관심이 없었습니다. 선생님이 내 주는 숙제도 하지 않는 경우가 많았습니다. 초등학교 3학년 때 제 인생에 있어 절대 잊을 수 없었던 일이 있었습니다. 담임선생님이 숙제 검사를 하겠다고 하셨습니다. 숙제를 잘 하진 않았지만, 그 숙제는 웬일인지 해 놨습니다. 그런데 숙제를 집에 두고 학교에 가지고 가지 않았습니다. 선생님이 숙제 안 한 사람 나오라고 했습니다. 어쩔 수 없이 나갔습니다. 선생님이 숙제 왜 안 해 왔냐고 물으셨습니다. 저는 했는데 집에 두고 왔다고 했습니다. 거짓말한다고 엄청나게 혼이 났습니다. 그날 숙제를 안 한 사람 나오라고 했을 때 같이 나간 친구가 있었는데 그야말로 모범생이었습니다. 선생님께서 그 친구에게도 숙제를 안 한 이유를 물었습니다. 그 친구도 숙제를 집에 두고 왔다고 했습니다. 선생님은 너는 그럴 수 있다며 내일까지 가지고 오라고 말씀하셨습니다.

담임 선생님은 저에 대해서 숙제에 관한 고정관념을 가지고 있었고 숙제를 집에 두고 왔다고 하자 화를 내셨습니다. 그 모범생 친구에게도 고정관념을 가지고 있었고 숙제를 집에 두고 왔다고 하자 그 친구는 그럴 수 있다고 했습니다. 근데 만약 그 모범생 친구가 숙제를 하지 않았는데 그냥 집에 두고 왔다고 거짓말을 했다면 어떻게 할까요? 선생님이 조금 더 분석적이었다면 어떠했을까요? 제가 숙제를 진짜 했는데 안 가져왔을 수도 있고, 그 모범생 친구가 숙제를 하지 않았는데 그냥 안 가져왔다고 할 수도 있습니다. 숙제의 양과 집과의 거리를 생각해 봤을 때 점심시간에라도 집에 가서 가지고 오라고 했으면 어떻게 되었을까요? 진짜 숙제를 했고 단지 집에 놔두고 왔을 뿐입니다. 그때 담임선생님이 시스템 2를 가동했다면 어떻게 되었을까요?

행동경제학자들은 대표성 휴리스틱이 발생하는 이유로 '작은 수의 법칙(Law of Small Number)'을 들고 있습니다. 동전을 던졌을 때 앞면과 뒷면이 나올 확률은 50%입니다. 이건 누구나 알고 있는 사실입니다. 동전을 던졌을 때 앞면이나 뒷면이 나올 확률이 50%라는 것은 수십만 번을 던지면 앞면과 뒷면이 나오는 빈도가 비슷하다는 의미입니다. 그런데 인간의 시스템 1은 실제 동전 던지기를 할 때 이렇게 생각해 버리는 경향이 있습니다. 동전을 한 번 던졌더니 앞면이 나왔다고, 동전을 던지면 앞면이 나온다고 판단하는 것입니다. 이런 오류를 작은 수의 법칙이라고 하는데 작은 표본을 가지고 모집단의 특성을 대표한다고 착각하는 대표성 휴리스틱입니다.

아들 잠옷

위 사진은 제가 참 좋아하는 아들 잠옷입니다. 보통 이 옷을 꺼내 입을 때가 여름입니다. 한때 저 잠옷은 저에게 곧 여름이 왔음을 알려 주는 옷이었습니다. 근데 21년부터는 4월에 꺼내 입고 있습니다. 그런데도 전 여전히 저 잠옷을 꺼낼 때면 여름이 왔다고 생각하고 있습니다. 아리스토텔레스가 이런 얘기를 했습니다. "제비 한 마리가 왔다고 여름이 온 것은 아니다." 저는 아들의 잠옷을 보며 몸소 작은 수의 법칙에 따른 대표성 휴리스틱 판단을 하는 것입니다.

저는 쿠팡으로 무언가를 살 때, 제가 사 본 경험이 없거나 잘 알지 못하는 상품의 경우는 후기를 꼭 읽어 봅니다. 좋은 후기도 있고, 안 좋은 후기도 있습니다. 안 좋은 후기가 있으면 구매 결정을 일단 미루게 됩니다. 그 안 좋은 후기 몇 개가 상품의 전체 평가를 대표하는 것도 아닌데 그 안 좋은 후기 몇 개가 그 상품의 전체 상품 평가를 대표한다고 믿는 작은 수의 법칙에 따른 대표성 휴리스틱 판단을 하고 있었습니다.

어떤 이유에서인지 간에 사람은 대표성 휴리스틱에 따른 판단을 자주 하게 됩니다. 그러기에 기업은 이런 사실을 이용하게 됩니다. 사람들의 머릿속에 자신들의 상품을 대표 브랜드로 만들 수 있다면 마케팅에는 확실한 도움이 될 수 있기 때문입니다. 제 아들은 몸에 작은 상처가 나면 이렇게 말합니다. "대일밴드 주세요." 7살 시절 아들은 어떻게 반창고라는 말보다 먼저 대일밴드를 알았을까요?

확률은 알지만 쓰기 싫을 뿐입니다
: '기저율 무시와 결합오류'

통계학이라고 있습니다. 일상생활에서 자주 활용되고 있는 개념입니다. 농구 시합의 승부를 예측하기 위해 과거 승률을 조사하고, 대학 진학을 위해 수능 성적의 분포와 특정 학과의 합격선을 고려하는 것 등은 미래의 불확실성을 줄이기 위해 통계학 개념을 이용한 것입니다. 이처럼 통계학이란 것은 불확실한 상황에서 현명한 의사결정을 위한 이론과 방법의 체계이며, 통계학은 자료의 수집, 분류, 분석과 해석의 체계를 갖습니다.[2]

우리는 통계학이라는 것을 알게 모르게 배웠습니다. 우리는 온갖 불확정성으로 가득 차 있는 세상 속을 살아가고 있습니다. 이런 상황에서 어떤 일에 대해서 합리적 선택을 하려면 통계학을 이용하는 것이 필요합니다. 통계학의 모든 이론을 알아야 하는 것은 아닙니다. 확률에 대해서 조금만 알고, 이를 고려한 판단만 하더라도 합리적인 의사결정에 많은 도움이 될 수 있습니다. 그런데 사람은 대체로 확률 계산을 어려워합니다. 진화심리학자인 로빈 던바는 인간의 진화 과정에서 그 원인을 찾는데요. 인간은 확률을 신중하게 따지며 진화한 존재가 아니고 확률을 모른다고 생존에 위협을 받는 것은 아니기에 확률을 이해하는 능력을 키울 필요가 없었다는 것이 그의 풀이입니다.

---

[2] W.Allen Walls and Harry V. Roberts, Statistics: A New Approach(Glence, Ill., Free Press, 1956), p.3

확률을 고려해야 하는 상황에서 판단 오류가 발생하는 경우를 살펴보겠습니다. 저는 가끔 로또를 삽니다. 무슨 이유인지는 모르겠지만 직전에 로또 1등 당첨 번호는 제외하고 번호를 선택하게 됩니다. 저는 직전 로또 1등 당첨 번호가 연속으로 나오지 않을 것으로 생각합니다. 직전 로또 1등 당첨 번호가 2주 연속 나올 확률이 낮다고 생각합니다. 그런데 직전 로또 1등 당첨 번호는 다음번 로또 1등 당첨 번호에 전혀 영향을 미치지 않습니다. 제가 명백히 잘못 생각하고 있는 것입니다. 로또 추첨을 통해 특정 숫자가 나올 확률은 동일합니다. 직전 번호가 다음번에 나올 확률이 낮아지는 것은 아닙니다. 주사위를 던졌는데 2가 나왔습니다. 주사위를 한 번 더 던졌는데 2가 나오진 않겠지 하며 2가 나올 확률이 1/6보다 적을 것으로 생각하는 것은 착각입니다. 주사위를 몇 번 던지든 1~6이 나올 확률은 1/6로 동일합니다.

시스템 2를 가동하지 않고 시스템 1에 의존해 인지적 편향이 발생하는 확률과 관련된 휴리스틱을 살펴보겠습니다.

신혼 때였습니다. 저와 제 아내는 서울의 한 평범한 주택가에 살고 있었습니다. 휴일 저녁 한 2시간 정도 식사를 위해 밖에 나갔었는데 집에 돌아와 보니 누군가 집 뒤쪽 창문을 절단하고 들어와 결혼 예물과 PC 등을 훔쳐 갔습니다. CCTV도 없고 목격자 또한 없습니다. 경찰에 신고했지만 잡을 수 있을 거라고 기대는 하지 않았습니다. 근데, 만일입니다. 그때 만약 그럴 일은 없었겠지만, 경찰분께서 용의자를 특정하여 아래와 같이 했다면 저희 부부는 용의자를 누구로 생각했을까요?

(A) 절도 용의자는 20~30대 젊은 남자다.
(B) 절도 용의자는 절도 전과가 있는 30대의 외국인 남성 근로자이다.

정보가 전혀 없는 상황에서 추론할 때 기저율을 먼저 생각해 봐야 합니다. 기저율은 어떤 사건이 전체에서 차지하는 기본 비율입니다. A, B 중 어느 쪽이 기저율이 높을까요? 인구 비율을 따지고 보면 A가 기저율이 높습니다. 그렇기 때문에 절도 용의자의 개연성은 A가 더 높습니다. 그런데 자꾸 B 용의자에게 시선이 갑니다. 절도 전과가 있는 외국인이 절도 용의자로 더 그럴듯해 보입니다. 이런 현상을 바로 '기저율 무시(base rate neglect)'라고 합니다. 사람들은 통계나 확률보다 대표적인 이미지로 만들어지는 전형성과 인과관계로 개연성을 만들고 직관적으로 판단하게 됩니다.

아모스 트버스키와 대니널 카너먼은 '린다 문제(Linda Problem)'를 대학생들에게 제시했습니다.
"린다는 31살의 미혼 여성이며 직설적으로 말하고 매우 똑똑하다. 그녀는 대학교에서 철학을 전공했다. 학생 때는 그녀는 차별 문제와 사회 정의에 관심이 매우 많았으며 반핵 시위에도 참여한 적이 있다. 다음 중 린다의 현재 직업일 가능성이 큰 것은?"

(A) 린다는 은행 직원이다.
(B) 린다는 은행 직원이자 여성운동가로 활동하고 있다.

이 문제에 대학생의 85%가 B를 선택했습니다. 확률적으로 생각해 보겠습니다.

린다가 은행 직원이면서 여성운동가일 확률은 은행 직원일 확률보다 클 수 있을까요? 두 사건이 동시에 일어날 확률, 즉 린다가 은행 직원이면서 여성운동가일 확률은 린다가 은행 직원일 확률 또는 린다가 여성운동가일 확률보다 클 수 없습니다. 교집합을 생각해 보면 쉽습니다. 이처럼 한 가지 사건의 발생 확률보다 두 가지 사건이 결합된 사건의 확률을 높게 인지하는 오류를 '결합오류(conjunction fallacy)'라고 합니다. 미국 대학생이 이런 오류를 범한 이유는 차별, 정의, 반핵 등에 관한 관심이 여성운동가를 대표하는 특징이라고 판단했기 때문입니다. 대표성 휴리스틱의 한 사례입니다.

또 다른 유명한 휴리스틱 사례가 있습니다. 이용가능성 휴리스틱 때문에 확률을 무시한 사례입니다.

(A) 어느 소설에서 임의의 4쪽 분량을 생각해 본다. 이 안에 7개 철자로 되어 있는 단어 가운에 끝이 'ing'으로 끝나는 것은 몇 개일까?
(B) 어느 소설에서 임의의 4쪽 분량을 생각해 본다. 이 안에 7개 철자로 되어 있는 단어 가운데 6번째 철자가 'n'인 것은 몇 개일까?

이 실험에 참여한 미국인들의 대답을 평균했을 때 A에 대해서 13.4개, B에 대해서는 4.7개로 나타났습니다. 왜일까요? A에 해당하는 단어가 머릿속에서 더 쉽게 떠올랐기 때문입니다. morning, evening 등은 미국인이 아닌 저도 떠올릴 수 있는 단어입니다. 그러나 B에 해당하는 단어는 머릿속에 쉽게 떠오르지 않습니다. 이렇기 때문에 실험 참가자들은 A에 해당하는 단어 수가 B에 해당하는 단어 수보다 많다고 생각합니다. 이용가능성 휴리스틱에 의한 판단입니다. A에 해당되는 단어는 항상 B에 해당됩니다. 하지만 B에 해당하는 단어는 A에 해당되지 않는 경우가 더 많습니다. A는 B의 부분 집합입니다. A에 해당하는 단어보다 B에 해당하는 단어가 많을 수밖에 없습니다.

당신은 지금 평균으로 돌아가고 있습니다 : 평균으로의 회귀

2년 차 징크스라는 말이 있습니다. 스포츠계에서 많이 사용합니다. 데뷔한 해에 좋은 성적을 올린 선수가 그다음 해에는 부진을 겪는 현상을 말합니다. 프로야구에서 '소포모어 징크스(Sophomore Jinx)'라고 합니다. 이 말은 꼭 스포츠 분야에서만 사용되는 건 아닙니다. 고등학교나 대학교 1학년 때 우수한 성적을 유지하던 학생이 2학년이 되면서 슬럼프에 빠지거나 여타의 운동 종목 선수들의 2년 차 슬럼프에도 쓰입니다. 미국에는 '스포츠 일러스트레이티드 징크스(Sports Illustrated cover Jinx)'라는 말이 있습니다. 좋은 성적을 낸 운동선수 또는 팀이 미국의 유명 스포츠잡지인 『스포츠 일러스트레이티드』 표지에 소개되면 다음 시즌엔 성적이 떨어지는 현상에서 나온 말입니다.

이런 경우를 생각해 보겠습니다. 한 프로야구 선수(타자)가 데뷔해 뛰어난 성적을 거두었다가 다음 해에 성적이 좋지 않으면 전문가들은 대략 이런 식으로 해석하게 됩니다. 상대 투수들이 시즌 종료 후 그 선수에 대해 철저한 분석을 했다거나 또는 그 선수가 데뷔 첫해 성적에 자만하여 훈련을 게을리했을 거라고 말합니다.

또 다른 경우로, 의료기기 전문 판매회사의 한 영업 사원이 어느 해 뛰어난 실적을 냈습니다. 주 판매 아이템이 TV 홈쇼핑에서 인기를 끌며 판매실적이 수직으로 상승했습니다. 계속 잘 판매되면 좋겠지만 다음 해에는 그 상품에 관한 관심이 줄어들며 전해만큼의 실적이 나오지 않았습니다. 윗분들은 전해의 실적이 너무 고무되어 노력하지 않았다느니 신규 상품을 준비하지 않았다느니 하고 얘기합니다. 물론 프로야구 선수나 영업 사원의 실적이 나빠진 것에 대한 전문가나 윗분들의 해석이 100% 틀렸다고는 할 수 없습니다. 하지만 100% 맞는 말도 아닙니다. 조금 다른 시각으로 해석해 볼 수도 있습니다. 프로야구 선수가 평균 타율 3할을 유지하기는 쉽지 않습니다. 아주 예외적인 몇몇 선수가 달성하는 기록입니다. 2년 차에 타율이 떨어지는 것은 그 선수의 장기적인 평균 타율에 수렴하는 현상입니다. 특정한 해에 타율이 높았다가 다음 해에 타율이 낮아지는 현상은 장기적으로 그 선수의 평균 타율로 수렴해 가는 과정입니다. 의료기기 전문 판매회사 영업 사원도 마찬가지입니다. 어느 해 실적이 유독 높았으면 다음 해 혹은 그다음 해에는 평균 실적으로 회귀하면서 실적이 떨어지는 경우가 많습니다. 이런 경우는 통계적 관점에서 보면 아주 자연스러운 현상입니다. 평균보다 아주 뛰어난 성과는 지속해서 유지하기 어렵고 장기적으로 평균값에 가까워집니다. 이전의 성과에 비해 아주 낮은 성과를 냈을 경우도 지속해서 유지되지 않고 좋은 성과를 보이게 되며, 장기적으로 평균값에 가까워집니다. 이를 '평균으로의 회귀(Regression to mean)'라고 합니다.

본인의 평균 실력보다 더 뛰어나거나 그에 못 미치는 결과는 예측할 수 없는 여러 운이 복합적으로 작용한 결과이고, 이런 예측할 수 없는 요인들이 변화하면 본인의 실제 실력, 평균의 모습을 찾게 되는 것입니다. 그러나 사람은 평균으로의 회귀를 생각하지 않고 그 시점에서의 한정된 통계를 바탕으로 단순하게 생각하는 경우가 있습니다. 프로야구에서 한 선수가 시즌 개막 후 10번의 게임에서 홈런을 10개를 쳤는데 이대로면 그 선수는 올 시즌에 홈런 신기록을 세울 거라며 호들갑을 떱니다. 10번의 게임이라는 작은 표본으로 올해의 성적을 판단하는 오류입니다. 작은 수의 법칙에 따른 착오입니다. 그 선수는 11번째 게임에서부터 홈런을 하나도 못 칠 수 있습니다.

윷놀이를 생각해 보겠습니다. 초반에 한쪽이 유독 윷이나 모가 잘 나오는 경우가 있습니다. 상대편은 의기소침할 수밖에 없습니다. 하지만 생각해 보면 한쪽이 윷이나 모가 자주 나오는 것은 작은 수에 불과합니다. 확률은 언제나 공평합니다. 한쪽에만 유리할 리 없습니다. 유독 윷이나 모가 잘 나오던 쪽은 후반으로 갈수록 윷이나 모가 나올 확률이 떨어집니다. 이것도 평균으로의 회귀입니다.

선빵(?)이 중요한 이유: 닻내림 효과1

MD 시절 미팅을 온 업체 중 저에게 간(?)을 보러 오는 협력사들이 간혹 있었습니다. 본격적인 상품기획 전 찾아와서 상품의 콘셉트와 기능 그리고 가격 등에 대해 어떤지 의견을 묻습니다. 그들도 언젠가는 저에게 협력사가 될 수도 있기 때문에 할 수 있는 최선을 다해 미팅을 진행합니다.

가장 민감한 부분이 판매가입니다. "판매가가 얼마면 적당할 것 같으세요?"라고 묻습니다. 그러면 전 상품의 콘셉트와 기능과 가장 유사한 상품을 떠올리고 그 상품의 판매가보다 2~3만 원을 내려서 얘기합니다. 대체로 반응은 "네?"입니다. "비슷한 상품이 이 가격인데요?" "비슷한 상품이 그 가격이니까 그보다 특출나게 차별화되지 않으면 비슷한 상품보다 일단은 저렴해야 하지 않을까요?" "일리가 있긴 하지만…."

시간이 흘러 실제 상품화가 되어 나온 가격을 보면 제가 얘기한 가격에서 1~2만 원이 올라가 비슷한 상품의 가격보다 낮은 경우가 많았습니다. 업체 관계자분들이 그런 얘기를 많이 했습니다. "MD님이 얘기한 가격에 최대한 맞춰 보려고 했는데 여러 가지 사정상 이 가격이 최선이었습니다."

제 말이 뭐 대단하다고 가격에 대해 제 의견을 말한 것뿐인데 그들은 왜 제 얘기를 기준에 두고 고민했을까요?

행동경제학에서 이에 대한 이유를 설명할 수 있는 이론이 있습니다. 바로 '앵커링 효과(Anchoring Effect), 닻내림 효과' 등으로 불리는 현상인데 특정 숫자 혹은 개념이 사고의 기준점이 되어 이후의 판단에 영향을 미치는 현상을 일컫습니다. Anchor를 영어 사전에서 찾아보면 닻입니다. 닻이란 배를 한곳에 멈추어 있게 하려고 줄에 매어 물 밑바닥으로 가라앉히는 갈고리가 달린 기구입니다. 일단 닻이 내려가면 배는 움직이지 않고 한곳에 멈추어 있게 됩니다. 닻을 내려 배의 위치를 고정하듯이 닻내림 효과는 사람들 생각의 범위도 제한하게 됩니다. 닻내림이 된 숫자를 기준으로 조정하고 결론을 내리게 됩니다.

저와 미팅하러 온 업체는 예상컨대 제가 얘기한 판매가를 기준으로 고민하기 시작했을 겁니다. 제가 얘기한 가격이 기준이 되어 그 가격에서부터 고민하기 시작했을 겁니다. 이런저런 조건들을 고려하다 가격을 산출했을 겁니다. 물론 가격은 제가 처음 얘기했었던 것보다 높아졌습니다. 전 그 업체가 정한 가격을 보고 어떤 반응이었을까요? "가격 낮추시느라 고생하셨습니다. 이 정도면 괜찮은 것 같습니다."라고 얘기합니다. 처음 얘기한 가격과 차이가 있는데 전 왜 괜찮다고 했을까요? MD 시절 했던 업체와의 협상 방법 중 하나였습니다. 닻내림 효과를 통해 가격 측면의 부분에서 최대한 끌어내기 위해 먼저 좀 과한 듯한 가격을 얘기한 것입니다. 절대로 제가 얘기한 가격을 맞출 거라 생각은 하지 않았습니다. 이래서 선빵(?)이 중요한 것입니다. 누가 먼저 기준점을 제시하는가에 따라 판단의 기준이 달라지게 됩니다. 닻내림 효과가 노리는 것이 바로 이것입니다. 그렇기 때문에 특히나 협상에선 닻내림 효과가 중요하게 됩니다.

TV 홈쇼핑에서 닻내림 효과를 자주 이용합니다. 바로 가격입니다. 판매가 39,900원 / 49,900원이라고 가정해 보겠습니다. 이 가격을 본 소비자들은 무슨 생각을 할까요? 뒷자리가 9,900 등으로 복잡하게 끝나니 쉽게 생각할 수 있는 비교 가격을 만들게 됩니다. 40,000원 / 50,000원 / 100,000원이 비교 대상이 되는 것입니다. 가격 차이는 100원밖에 나지 않지만 소비자들은 '기준 가격'보다 저렴하다고 생각을 하게 됩니다.

닻내림 효과를 보여 주는 유명한 실험이 있습니다. UN 회원국 가운데 아프리카 국가가 차지하는 비율이 얼마인지를 묻는 실험입니다. 참가자들은 실험 참여 전 0~100까지의 숫자가 적힌 커다란 돌림판을 돌립니다. 이 돌림판은 10 또는 65 중 하나에 멈추도록 연구자에 의해 사전 조작되었습니다. 실험 참가자는 당연히 이 사실을 모릅니다.

참가자에게 돌림판을 돌리게 한 후, 본인이 생각하는 UN 회원국 중 아프리카 국가 비율을 말하게 했습니다. 질문의 의도는 돌림판 숫자를 기준점으로 각인시키는 것이었습니다.

돌림판 숫자가 10이었던 참가자들이 응답한 UN 회원국 중 아프리카 국가 비율의 평균값은 25%였고, 돌림판 숫자가 65였던 참가자들이 응답한 값의 평균은 45%였습니다. 실험 당시 UN 회원국의 아프리카 국가 비율은 32%였다고 합니다.

돌림판에서 나온 숫자는 문제와는 아무런 상관이 없었습니다. 누군가에게 돌림판 숫자가 아프리카 국가 비율을 생각하는 데 영향을 미쳤냐고 묻는다면 참가자들은 당연히 "그렇지 않다."라고 답할 것입니다. 그러나 닻내림 효과가 분명 있었습니다. 돌림판의 숫자가 닻으로 작용했고 실험 참가자들은 아프리카 국가의 비율을 생각할 때 닻을 기준점으로 조정하였기 때문입니다.

그 가격이 그 가격이 아니었다
: 닻내림 효과 2

오프라인이나 온라인 쇼핑몰에서 '세일'이라는 표현을 자주 씁니다. 원래 가격에 선을 긋고 세일가를 옆에다 적어 놓습니다. TV 홈쇼핑 경력이 좀 되기 때문에 오프라인이나 온라인 쇼핑몰의 세일 관련 표현은 저에게 그다지 큰 메리트를 못 느끼게 합니다. 진짜 원래 판매가격이 저거였나 하는 의심을 지울 수가 없습니다.

TV 홈쇼핑에서도 세일 방송을 합니다. 하지만 방송통신심의위원회의 [상품소개 및 판매방송 심의에 관한 규정]에 따라 세일이라는 명칭을 쓸 수 있는 경우가 정해져 있습니다. 오프라인이나 온라인 쇼핑몰에서처럼 쉽게 세일이라는 말을 쓸 수는 없습니다. 이런 것에 익숙해진 저는 세일을 세일로 잘 믿지 않게 되었습니다.

이런 경우를 생각해 보겠습니다. 스포츠의류 매장에서 트레이닝복을 판매하고 있습니다. 판매가는 9만 원입니다. 반응이 그저 그렇습니다. 스포츠의류 매장 사장님은 한 가지 아이디어를 냅니다. '세일 표현을 쓰자.' 그러고 나서 판매가 9만 원인 트레이닝복의 가격표를 바꿉니다.

* ○○트레이닝복 고객 감사 50% 빅세일, 18만 원→9만 원

가격 문구를 세일 문구로 바꾸자 반응이 뜨겁습니다. 왜 반응이 뜨거웠을까요? 세일이라서?

이 이유 또한 닻내림 효과로 설명할 수 있습니다. 스포츠의류 매장 사장님은 닻내림 효과를 극대화하기 위해 기준점이 되는 할인 전 가격을 같이 표시했습니다. 할인 전 가격인 18만 원을 소비자의 머릿속에 기준점으로 각인시켜 닻을 내리게 하는 전략입니다. 가격표를 본 소비자는 18만 원보다 50% 할인된 가격의 트레이닝복을 저렴하다고 인식하게 되고 지갑을 엽니다. 소비자는 9만 원짜리 옷을 산다고 생각하지 않습니다. 18만 원짜리 옷을 50% 할인된 9만 원에 산다는 만족감까지 얻게 됩니다. 같은 트레이닝복을 9만 원에 판매하면 9만 원짜리지만 50% 세일해서 9만 원이라고 하면 실제로 9만 원을 썼으면서도 18만 원짜리 트레이닝복을 구매했다고 생각하기 때문에 심리적인 만족도가 클 수밖에 없습니다.

외국의 한 연구에서 슈퍼마켓의 캔 수프를 가지고 실험했습니다. 연구자들은 개당 89센트인 캔 수프를 79센트로 할인 판매 하면서 하루는 1인당 최대 구매 개수를 4개로 제한하는 문구를 넣었고, 다른 날에는 무제한으로 살 수 있다는 문구를 넣었고, 또 다른 날에는 1인당 12개까지 구매 가능하다는 문구를 넣었습니다. 각 문구에 따라 1인당 캔 수프 판매량은 어땠을까요? 최대 구매 개수를 4개로 했을 때 소비자는 1인당 평균 3.5개를 샀고 무제한일 때는 1인당 평균 3.3개를 샀습니다. 그런데 놀랍게도 1인당 최대 구매 개수를 12개로 제한했을 때는 평균 7.0개를 구매했습니다.

가격이 같았지만 추가된 문구에 따라 그 숫자가 닻 내림이 되어 12개까지 구매 가능하다는 문구를 본 소비자는 12라는 숫자를 기준으로 생각하게 되고 12개는 너무 많다는 판단에서 캔 수프 구매 개수를 줄였지만

7개를 구매한 것입니다.

사람들은 정확한 사실을 모를 때 기준점을 찾고 짐작하고 조정하며 판단하게 됩니다. 기준점이 조정의 시작점이기 때문에 어떤 기준점이 닻내림 되는가에 따라 판단은 완전히 달라질 수 있습니다.

때론 시스템 2를 활용해야 합니다. 어떠한 문제에 대해 상대방과 협상 시 상대가 제시하는 수치는 무조건 비합리적이라고 생각한 뒤에 시스템 2를 이용해 이유를 찾는 것이 닻내림 효과에 의한 오류를 줄일 방법입니다.

'감정에 휘둘리지 않는다'라는 당신도 모르는 거짓말: 감정 휴리스틱

정확한 날짜는 기억이 나지 않지만, 2005~2006년으로 생각됩니다. 디지털도어락으로 한참 유명하던 한 회사에 마케팅 관련 직무에 지원하여 면접을 보러 간 적이 있었습니다. 여기서 취업 면접에서 뵌 분 중 가장 인상적인 분을 보게 됩니다. 지금은 고인이 되신 아이레보 창업자인 고 하재홍 대표님입니다. 제 능력이 특별해서 저를 눈여겨보신 건 전혀 아닙니다. 저는 많은 면접자 중에 한 명이었을 뿐입니다. 그 당시 면접에서 하재홍 대표님이 보여 주신 자신과 같이 일할 사람에 대한 마인드에 저는 홀딱 빠져들게 되었습니다. 그때 하 대표님께서 해 주신 얘기가 다 기억은 나지 않지만 가장 뚜렷이 기억나는 건 수습 직원에 대한 월급 지급률이었습니다. 자기는 수습 직원들에게 100%의 월급을 지급한다. 새로운 회사에 와서 이것저것 눈치도 보이고 어색할 텐데 거기에 월급까지 적게 주는 건 도리가 아니라고 생각한다. 자기 마음 같아서는 고생한다고 120%를 주고 싶은데 여러 가지 사정상 못 하는 게 안타깝다고 얘기하셨습니다. 세상에 이런 마인드를 가진 분이 계시다니 하면서 내가 이 회사 면접에 떨어지더라도 이 회사를 좋아하겠다고 마음먹고 여기 주식을 사야겠다고 생각했습니다. 면접 결과는 불합격이었습니다. 하지만 전혀 슬프지 않았습니다. 정말 이 회사 주식을 사야겠다고 생각했습니다. 전 회사에 대한 아주 기본적인 분석도 없이 그저 회사 대표님의 마인드가 좋다는 이유로 그 회사 주식을 사게 됩니다.

'무슨 그런 말도 안 되는?'이라고 얘기하실 분도 있을 겁니다. 회사 대표님에 대한 저의 감정이 제 판단에 영향을 크게 미치게 되었던 것입니다. 감정이 개입되면서 시스템 2가 작동하여 보다 분석적이어야 했던 판단에 감정이 개입되면서 논리적인 사실보다는 '저런 마인드의 회사 대표님이 계신 곳이면 좋은 회사고 실적도 좋을 거야, 다 좋을 거야.'라고 감정의 영향력이 훨씬 크게 작용했던 것입니다.

기존의 대표적 휴리스틱인 이용가능성, 대표성, 닻내림이 학계에서 많은 사람의 관심을 받게 되자 행동경제학자들은 새로운 유형의 휴리스틱을 연이어 확인했습니다. 감정이라는 것은 세상을 살아가는 데 필요한 요소이지만 때론 합리적 판단을 방해하는 요인일 수 있습니다. 우리는 자신도 모르는 사이에 느낌, 감 등의 감정에 따라 결정할 때가 많습니다. 합리적 판단이 아닌 감정에 기초해 의사결정을 하는 것입니다. 행동경제학에서는 사람들의 이러한 경향을 감정 휴리스틱(Affect Heuristic)이라고 합니다. 휴리스틱의 한 종류인 '감정 휴리스틱'은 미국 오리건대학의 심리학자 폴 슬로빅(Paul Slovic)이 제안한 것으로, 사람들의 기분이나 감정이 세상에 대한 그들의 믿음을 결정하게 만들어 버리는 것을 말합니다.

감정 휴리스틱은 사람이 어떤 일이나 상황에 대해 평소 우호적이거나 어떠한 계기로 좋은 감정을 가지게 되었을 때 시스템 1이 작동해 장점을 부각시키고 단점을 축소시키게 되고 반대로 어떤 일에 대해서 부정적인 감정이 있을 때는 단점을 과대평가하여 판단하게 됩니다.

어떤 신경과학자가 코카콜라와 펩시콜라를 가지고 선호도, 맛 테스트와 이에 따른 두뇌 반응을 MRI를 이용해 측정해 봤습니다. 브랜드명을 얘기해 주지 않는 블라인드 테스트로 진행했는데 코카콜라와 펩시콜라에 대한 실험 참가자의 선호도가 비슷했고, 두뇌 반응도 유사했습니다. 콜라 브랜드를 알려 주자 실험 참가자들은 한 브랜드 콜라에 대한 선호가 다른 것보다 두 배나 높았고 그 콜라를 마실 때 쾌감을 관장하는 뇌의 영역이 활성화되었습니다. 감정 휴리스틱이 존재한다는 사실이 과학적으로 입증된 것입니다.

연구자들은 사람이 왜 감정 휴리스틱에 휘둘릴까에 대해서 고민하게 됩니다. 그래서 몇 가지 원인을 찾았는데 그 첫 번째가 의사결정에 필요한 시간입니다. 의사결정 시간이 짧을수록 시스템 2보다는 시스템 1에 의존할 가능성이 큽니다. 두 번째는 정보의 형태입니다. 사람이 의사결정을 할 때 어떤 형태의 정보를 접하는가에 따라 감정 휴리스틱이 발생할 가능성이 달라지게 됩니다. 이와 관련된 실험이 있었는데 특정 정신질환 환자의 퇴원 허용 여부를 판단하는 심사자로 범죄심리학자와 정신과 의사를 참여시켰습니다. 심사자를 임의의 두 집단으로 나누고 소견서 A, B를 보여 줬습니다.

(A) 이 환자와 유사한 환자 100명 가운데 20명이 퇴원 후 폭력 행동을 할 것으로 추정됨
(B) 이 환자와 유사한 환자가 퇴원 후 폭력 행동을 할 확률이 20%로 추정됨

잘 보시면 알겠지만 두 소견서의 내용은 동일합니다. 단지 빈도와 비율로 표시한 것밖에 차이가 없습니다. 합리적으로 생각해 본다면 어떤 소견서를 보든 환자의 퇴원 허용을 반대하는 심사자의 비율은 같아야 합니다.

하지만 소견서 A를 본 심사자 중 41%가 환자의 퇴원 허용에 반대했고, 소견서 B를 본 심사자 중 21%가 환자의 퇴원 허용에 반대했습니다. 위험도 정도가 비율로 표시될 때보다 빈도로 표시될 때 감정적으로 더 민감하게 판단한다는 것을 보여 준 실험입니다.

사람이 감정 휴리스틱에 의해 판단하는 경향이 있다는 사실을 이용하여 기업들은 소비자의 감정에 호소하고 마음을 움직이기 위한 다양한 전략들을 펼치게 됩니다. '감정 꼬리표(Affective Tag)'를 활용하는 전략이 있는데 긍정적 감정을 자극하는 용어로 심리적 만족감을 높여서 선택을 유도하는 것으로 웰빙, Made In Korea, 자연산, 프리미엄 등이 그것입니다. 또한 친숙함에 호소하는 전략도 있는데 사람은 시스템 1에 의해 친숙한 것이 우수하고 믿을 만하다는 휴리스틱이 작동하게 됩니다. 그래서 소비자는 신생 기업보다는 오래된 친근한 기업, 새 브랜드 제품보다는 익숙한 브랜드 제품을 선호하게 됩니다. 소비자에게 친숙하거나 잘 알려진 유명인을 모델로 제품을 광고하는 이유도 여기에 있습니다.

이런 얘기를 들어 보신 경험이 있을 겁니다. "화날 때 결심하지 말고 기분 좋을 때 약속하지 마라." 휴리스틱은 합리적 판단이 필요하지 않을 때 빠르고, 유용하게 사용할 수 있지만 인지적 편향이 발생하고 이로 인한 오류가 발생할 수 있다는 사실을 생각해야 합니다. 휴리스틱은 의도적으로 사용하는 것은 아니지만 본능적으로 작동하는 시스템입니다. 휴리스틱에서 완전히 벗어날 수는 없지만, 이것 때문에 일어나는 오류를 알고 그 가능성을 인정하면 비합리적 판단을 최대한 줄일 수 있다고 생각합니다.

이게 자꾸 생각이 나니까 이거여야 해 : 재인 휴리스틱

한 연구자가 미국 대학생과 독일 대학생에게 다음과 같은 질문을 했습니다.
"샌디에이고와 샌안토니오 가운데 어느 도시의 인구가 많다고 생각하십니까?"

미국 대학생과 독일 대학생 중 어느 대학생들의 정답률이 더 높았을까요? 언뜻 보기에는 샌디에이고와 샌안토니오가 미국에 있는 도시이기에 미국 대학생의 정답률이 더 높았을 거라 예상할 수 있습니다. 미국 대학생의 62%가 샌디에이고로 정답을 선택했습니다.

독일 대학생들에게 두 도시의 이름을 들어 본 적이 있는지 조사했는데 샌디에이고는 실험 참가자들 모두가 들어 본 적이 있었지만, 샌안토니오의 경우 4%만이 들어 본 적이 있다고 답했습니다. 독일 대학생들의 정답률은 100%였습니다. 이 연구가 진행되었던 당시 샌디에이고의 인구가 더 많았다고 합니다.

미국에 있는 도시에 대한 지식이 상대적으로 적은 독일 대학생이 더 정확하게 정답을 골랐습니다. 왜 이런 일이 생겼을까요? 연구자들은 이런 현상을 설명하기 위해 '재인 휴리스틱(Recognition Heuristic)'을 제시했습니다. 재인 휴리스틱은 자신이 아는 대상이 알지 못하는 대상보다 더 높은 가치를 지닌다고 판단해 버리는 휴리스틱입니다. 이용가능성 휴리스틱과도 일맥상통한다고 할 수 있습니다.

독일 대학생들은 들어 본 적이 없는 샌안토니오보다 들어 본 적이 있는 샌디에이고의 인구가 더 많으리라 판단했습니다. 하지만 미국 대학생들은 각자 가지고 있던 두 도시에 대한 지식을 이용해 답을 구했습니다. 오답을 선택한 학생들이 많았습니다. 시스템 2에 기반하여 판단한 미국 대학생들의 정답률이 더 낮은 상황이 발생했습니다. 어설프게 알고 있는 미국 대학생보다 단순하게 생각한 독일 대학생이 결과적으로는 더 제대로 판단한 것입니다. "선무당이 사람 잡는다."라는 말이 떠오르는 실험입니다. 때로는 직관적으로 휴리스틱에 의존한 판단이 더 정확한 결론을 이끌 수 있다는 말입니다. 그렇다고 재인 휴리스틱이 언제나 정확한 판단을 보장하지는 않습니다. 재인 휴리스틱에 의한 직관적 판단이 정답이 되려면 재인과 판단의 정확성 사이에 (+)의 상관관계가 이루어져야 합니다. 미국 대학생과 독일 대학생을 대상으로 한 실험에서 샌디에이고라는 도시를 들어 본 적이 있다는 것은 그곳으로 오가는 유동 인구나 유명 스포츠팀이 있어 뉴스에 자주 오르내리는 유명한 곳이기 때문입니다.

기업이 이 재인 휴리스틱을 가만히 둘 리 없습니다. 소비자가 출시된 지 얼마 안 된 제품을 구매한다고 가정해 보겠습니다. 몇 가지 브랜드가 있고 가격적 요인이 크게 차이가 나지 않습니다. 이런 경우 소비자들은 많이 들어 본 브랜드의 상품을 구매할 확률이 클 것입니다. 널리 알려진 브랜드가 그렇지 않은 브랜드보다 재인 휴리스틱에 의해서 소비자의 선택을 받을 확률이 높습니다.

궁금해집니다. 동일한 상품을 각기 다른 채널에서 판매한다고 할 때 채널 브랜드에 의한 차이가 있을지. 연구해 봐야 할 충분한 이유가 있을 것 같습니다.

BEHAVIORAL
ECONOMICS

제3부

내 생각을
가두는 틀

중요한 것은 '무엇'보다는 '어떻게'다

물이 절반 있는 컵을 보고 어떻게 보이냐고 물어보면 어떤 사람은 "물이 절반이나 있네요."라고 얘기하고 또 어떤 사람은 "물이 절반밖에 없네요."라고 얘기합니다. 보는 시각에 따라 표현이 다름을 얘기할 때 많은 분이 제시하는 사례입니다. 같은 상황이지만 보는 시각이나 성향에 따라 서로 반대되는 견해를 가질 수 있음을 보여 줍니다.

인간의 선택에 있어서 이런 상황은 심심치 않게 발생합니다. 같은 상황이지만 어떤 문제나 상황이 표현되는 방법에 따라 판단과 선택이 달라질 수 있습니다. 행동경제학에서는 이를 '프레이밍 효과(Framing Effect)'라고 합니다.

이 프레이밍 효과에 대한 아주 유명한 실험이 있습니다. 대니얼 카너먼과 아모스 트버스키는 대학생(미국과 캐나다)들로 실험 참가자들을 구성하고 임의로 두 집단으로 구분했습니다. 예상 결과에 대해 1 그룹에는 긍정적인 프레임으로, 2 그룹에는 부정적 프레임으로 제시하고 A, B 방안 중 선택하게 했습니다.

* 어느 지역에 발생한 희귀병으로 600명이 사망할 것으로 예상하고 대책을 마련하면서 A, B 방안을 최종적으로 마련했다. 당신이라면 어느 방안을 선택하겠는가?

1 그룹(긍정 프레임)
(A) 200명이 산다.
(B) 600명이 살 확률 1/3, 아무도 살지 못할 확률 2/3

2 그룹(부정프레임)
(A) 400명이 죽는다.
(B) 아무도 죽지 않을 확률 1/3, 600명이 죽을 확률 2/3

두 집단에 제시된 방안의 효과는 결국 동일합니다. 그러나 두 집단 간 선택은 확연히 차이가 나타났습니다. 1 그룹은 A 방안을 선택한 확률이 72%였고, 2 그룹은 A 방안을 선택한 확률이 22%였습니다. 1 그룹에게는 살 수 있다는 긍정적 프레임으로 2 그룹에게는 죽는다는 부정적 프레임으로 방안을 제시한 차이밖에 없습니다.

무슨 이유에서일까요? 전망이론을 떠올려 보겠습니다. 사람들은 이익보다 손실에 더 민감하게 반응하기 때문에 불확실한 이익보다는 확실한 이익을 선호하며 확실한 손실보다는 불확실한 손실을 선호합니다.

1 그룹에 '산다'는 긍정적인 프레임은 이익영역이었기 때문에 불확실한 이익(B 방안)보다는 확실한 이익(A 방안)을 선택한 사람이 많았습니다.

2 그룹에 '죽는다'는 부정적 프레임은 손실영역이었기 때문에 확실한 손실(A 방안)보다는 불확실한 손실(B 방안)을 선택한 사람이 많았습니다.

여기서 전망이론 이외에 좀 더 생각해 봐야 할 것이 있습니다. 어떻게 표현하느냐에 따라 똑같은 얘기도 불확실한 이익이 될 수도 있고 불확실한 손실이 될 수도 있다는 것입니다.

1 그룹의 A 방안과 2 그룹의 B 방안은 같은 얘기입니다. 600명 중 200명이 사는 것은 400명이 죽는다는 것입니다. 또한 1 그룹의 B 방안과 2 그룹의 B 방안도 같은 얘기입니다. 600명이 살 확률이 1/3이고, 아무도 죽지 않을 확률도 1/3로 동일합니다. 같은 상황이지만 표현방식을 바꿨는데 상황을 다르게 판단한 것입니다.

"아 다르고 어 다르다."라는 말을 자주 합니다. 말하는 방법에 따라 상대방에게는 다르게 들리게 됩니다. 프레이밍 효과는 사용한 단어에 따라 다르게 연상작용을 일으키게 합니다.

올림픽 유도 경기에서 한국 선수와 일본 선수의 결승전이 있다고 가정해 보겠습니다. 결과는 한국 선수가 이겼습니다. '한국 선수가 이겼다.'와 '일본 선수가 졌다.'라는 같은 뜻입니다. 한국의 한 언론에서는 한국 선수가 이겼다고 보도했고 또 다른 언론에서는 일본 선수가 졌다고 보도했습니다. 한국 선수가 이겼다는 보도는 한국 선수가 상대방보다 뛰어난 장점과 전략을 지녔다는 점을 떠오르게 하고 일본 선수가 졌다는 보도는 일본 선수의 약점과 문제점을 떠오르게 합니다. 같은 얘기지만 다른 정보로 해석됩니다. 그렇기 때문에 선호도를 바꿔 선택을 유도하려면 '무엇을 말하는가'보다 '어떻게 말하는가'에 집중해야 합니다.

이익과 손실의 프레임은 실제적인 이익과 손실과는 상관없이 이익의 표현인지, 손실의 표현인지에 따라 대상자의 심리적 반응이 달라지는 것입니다.

나도 모르게 이 조건을 받아들인 이유
: 초깃값 효과

　가전제품을 사면 보통 초기 세팅값이라는 게 있습니다. 예를 들어 반신욕기를 보면 온도는 65도까지 올릴 수 있고 시간은 99분까지 사용할 수 있지만 초기 세팅값은 온도는 55도, 시간은 60분으로 되어 있습니다. 안마 의자도 여러 가지 모드가 있지만 처음 작동하면 자동모드에 15~20분으로 초기 세팅이 되어 있는 경우가 많습니다. 전자제품이면 저도 이것저것 많은 종류의 상품들을 사용하고 있지만 이런 세팅값을 다른 것으로 바꾸어 사용은 잘 하지 않습니다.

　주변에 이런 경우는 많습니다. 컴퓨터를 사서 사용할 때 초기 세팅이 돼 있는 값들을 자기에게 맞게 바꾸어 사용하시는 분들이 전문가 말고는 얼마나 될까요? 아마도 많지 않을 겁니다.

　운전면허 신청 시에 장기기증 의사를 묻는 난이 생겼다고 가정해 보겠습니다. 장기기증 의사를 묻는 방식이 두 가지가 있습니다.

(A) 장기기증 프로그램에 참여하고 싶지 않으면 옆의 박스에 체크하세요.
(B) 장기기증 프로그램에 참여하고 싶으면 옆의 박스에 체크하세요.

　A의 경우 본인이 의사를 표시해야 장기기증 프로그램에 참여하지 않을 수 있습니다. 흔히 이런 방식을 '옵트아웃(Opt out)' 방식이라고 하는데 기증하지 않겠다는 의사를 표시하지 않으면 장기기증을 허락한 것

으로 간주됩니다.

B의 경우는 본인이 의사를 표시해야 장기기증 프로그램에 참여할 수 있습니다. 이런 방식을 '옵트인(Opt in)' 방식이라고 하는데 기증하겠다는 의사를 표시하지 않으면 장기기증을 거부하는 것으로 간주됩니다.

두 가지 방식 중 어떤 방식이 장기기증 프로그램에 대한 참여율을 높일 수 있을까요? 아마 A일 것입니다. 장기기증에 대한 자신만의 가치관과 소신이 있는 사람이 아니라면 B 방식으로 물으면 동의하지 않을 확률이 높습니다. A 방식으로 물으면 굳이 참여하지 않겠다고 적극적으로 거부 의사를 표현하지 않을 겁니다.

이러한 현상을 행동경제학에서는 '초깃값 효과(Default Effect)'라고 합니다. 초깃값 옵션 내용 때문이 아닌 초깃값 옵션이라는 프레임 때문에 사람들의 선택에 더 큰 영향을 주는 것입니다. 초깃값에 설정된 프레임에 따라 선택이 달라지는 점 때문에 프레이밍 효과의 사례로 볼 수도 있고 초깃값을 유지하려는 경향이 있는 것으로 현상유지편향으로 볼 수도 있습니다.

패스트푸드와 청량음료의 과다 섭취로 인한 아동비만 해결에 동참하고자 미국 플로리다주에 있는 디즈니랜드 내 145개 식당이 키즈밀(Kids' Meal)의 초깃값을 변경하는 실험을 했습니다. 햄버거는 그대로 있고 선택 옵션에 청량음료를 주스로, 감자튀김은 과일과 채소로 초깃값을 변경했습니다. 결과는 고객의 48~66%가 초깃값을 그대로 선택했습니다. 햄버거 + 주스 + 과일/채소 그대로 주문한 것입니다. 이 덕분에 디즈니랜드는 어린이 섭취 열량의 21%, 지방 44%, 나트륨 43%를 줄이는 데 성공했다고 합니다.

그렇다면 사람들은 왜 초기 설정값을 잘 바꾸려고 하지 않을까요? 바로 손실회피성 때문입니다. 행동경제학에서는 이렇게 설명합니다.

예를 들어 제가 소득 중 50%를 필수적인 소비에 사용하고, 저축에 20%, 운동에 30%를 사용하고 있다고 가정해 보겠습니다. 재무 컨설팅 중 컨설턴트가 저에게 노후를 대비해 운동을 10%로 줄이고 저축을 40%로 늘리라고 권유해 줬습니다. 그러나 저는 초기 배분 비율을 쉽게 바꾸지 못합니다. 운동을 30%에서 10%로 줄이면 심리적 만족감이 큰 폭으로 떨어지는 손실을 겪어야 합니다. 물론 저축을 더 많이 해서 나중의 삶이 여유로워지기는 하겠지만 손실회피 심리로 인해 손실로 인한 심리적 불만족이 더 큰 영향을 미치기 때문에 저는 저의 지출 비율을 좀처럼 변경하지 않습니다.

다음으로 사람들은 초깃값을 일종의 권고 사항으로 생각하기 때문입니다. 가전제품의 초깃값은 보편적으로 사람들에게는 최적화된 상태를 의미하며, 큰 이유가 없는 한 유지하는 것이 좋다는 전문가들의 권고라고 생각합니다.

또 다른 이유는 초깃값을 변경하는 데 들어가는 시간과 노력 때문입니다. 초깃값을 받아들이면 여타의 비용이 들지 않지만 수정하는 데에는 시간과 노력이 들어가게 됩니다. 사람들은 굳이 이런 비용을 치를 이유가 없습니다. 세팅된 초깃값을 수정하지 않아도 가전제품 등을 이용하는 데에는 전혀 문제가 없습니다.

당신도 모르게 쓰고 있는 마음속 가계부 : 심적 회계(Mental Accounting)

대학교 몇 학년 때(95~99년 사이)인지 생각은 안 나지만 한때 아르바이트로 출장 뷔페 서빙 아르바이트를 한 적이 있습니다. 새벽 5시부터 시작해서 오후 6시까지 했는데 일당이 5만 원이었습니다. 끝나고 집에 올 땐 요리하시던 이모님들이 수고했다고 남은 음식을 조금씩 싸 주셨던 기억이 납니다. 12시간 넘게 서서 일하다 보니 허리랑 다리가 참 피곤했던 기억이 납니다. 처음 출장 뷔페 아르바이트를 하고 받은 일당 5만 원을 전 한참 동안 쓰지 않다가 자격증 시험 보는 데 필요한 책을 샀던 기억이 납니다.

아주 가끔 복권을 삽니다. 이제까지 기록한 최고 당첨금액은 5만 원이었습니다. 대학교 때였던 것으로 기억합니다. 이게 웬 횡재냐 하며 당첨된 그날 친구들과 술을 마시며 당첨금을 다 썼습니다.

출장 뷔페 아르바이트를 해서 번 5만 원이나 복권을 사서 당첨된 5만 원이나 화폐가치로는 동일합니다. 근데 왜 저는 아르바이트를 해서 받은

5만 원은 오랫동안 쓰지 않고, 복권 당첨된 5만 원은 그렇게 금방 써 버렸을까요?

제가 만약 호모 이코노미쿠스였다면 어떻게 벌었든 똑같은 5만 원으로 취급했을 겁니다. 어떤 경로로 벌었든지 간에 동일한 화폐가치를 가지기 때문에 대체해서 사용이 가능합니다. 이를 경제학에서는 '화폐의 대체성'이라고 합니다. 이를 토대로 본다면 12시간 넘게 일을 해서 번 5만 원이나 복권에 당첨되어 번 5만 원이나 동일한 화폐가치를 가지기 때문에 어떻게 돈을 쓸 건지에 대한 결정에 영향을 주지 않아야 호모 이코노미쿠스다운 행동입니다. 하지만 저는 그렇지 못했습니다. 아르바이트를 해서 번 돈과 복권에 당첨되어 번 돈을 다르게 생각했습니다. 근로소득과 불로소득을 다르게 느끼고 다르게 사용했습니다.

심적 회계는 돈에 대한 아주 주관적인 프레임입니다. 하루 종일 출장 뷔페 아르바이트를 해서 번 5만 원과 복권 당첨으로 생긴 5만 원을 저 같은 경우에는 다르게 사용했습니다. 복권 당첨으로 생긴 5만 원은 그야말로 공돈이고 심리적 가치가 크지 않은 돈이고 출장 뷔페 아르바이트를 해서 번 5만 원은 심리적 가치가 큰 돈이므로 함부로 쓸 수 없게 됩니다.

예를 들어 제가 6,000만 원짜리 신차를 구입하며 200만 원짜리 옵션을 추가했습니다. 그날 저녁 준비를 위해 마트에서 삼겹살을 사는데 100g당 1,000원이었던 가격이 2,000원이 되어 있어 너무 비싸다며 삼겹살을 사지 않았습니다. 이런 행동을 한 이유는 심적 회계의 영향 때문입니다. 200만 원 차량 옵션은 차량 구입 계정에 들어 있는 돈입니다. 6,000

만 원에 200만 원이면 상대적으로 큰돈이 아니라고 생각하지만 식비 계정에 있는 삼겹살 계정의 기준은 1,000원이었는데 100% 오른 2,000원은 제가 느끼기에 큰돈으로 생각됩니다.

행동경제학에서는 사람이 어떻게 돈을 사용할지 결정할 때 상황에 따른 프레임을 만든 후 프레임에 따라 선택하는 현상을 '심적 회계(mental accounting)'라고 합니다.

보통 가계부를 작성할 때 항목별로 예를 들어 외식비, 문화생활비 등으로 구분해서 작성하는 것처럼 사람은 수입과 지출에 대해 마음속으로 회계장부를 작성한다고 하여 심적 회계라는 말을 사용합니다. 사람들은 수입이 생기면 일을 해서 번 돈인지, 복권에 당첨되어 생긴 돈인지 구분하게 되고, 지출 시에도 체육 활동비, 외식비, 문화생활비 계정과 같이 마음속으로 구분하게 됩니다. 이때 마음속으로 구분 지어진 계정이 프레임이므로 심적 회계는 프레이밍 효과의 한 사례에 해당합니다.

심적 회계와 관련되어 유명한 실험이 있습니다.

(1) 유명 가수의 콘서트장에 가서 50달러인 입장권을 사려고 합니다. 콘서트장에 가는 도중에 50달러를 분실했습니다. 여러분은 여전히 50달러인 입장권을 사시겠습니까?
(2) 콘서트 전날 50달러를 주고 산 입장권을 가지고 콘서트장에 갔습니다. 현장에서 입장권을 분실한 사실을 알았습니다. 여러분은 50달러를 주고 다시 입장권을 사시겠습니까?

1번의 경우와 2번의 경우 50달러의 가치를 잃어버린 것은 동일하지만 참가자들의 선택 차이가 있는지 확인하기 위해 실험 참가자들을 임의로 나눈 후 1번, 2번의 상황을 제시한 후 어떻게 할 건지를 물었습니다. 1번에서는 88%가 입장권을 사겠다고 했지만 2번에서는 46%가 입장권을 사겠다고 했습니다.

행동경제학자들은 심적 회계로 이를 설명합니다. 2번의 경우는 입장권을 사는 순간에 문화생활비 계정에 50달러가 입력되었는데 입장권을 다시 산다면 이틀에 100달러를 사용하는 것이 됩니다. 문화생활비가 과다하다고 생각하여 입장권을 재구매하는 것을 주저한 것입니다. 반면에 1번의 상황에서는 아직 입장권을 사지 않은 상태입니다. 마음속에 문화생활비 계정에 아무 값도 들어가 있지 않습니다. 50달러를 분실한 것은 문화생활비 계정과 무관하기 때문에 입장권을 사겠다는 사람이 많았던 것입니다.

심적회계에서는 기간이 또한 중요한 이슈가 됩니다. 콘서트장 사례에서 2번의 경우 전날이 아닌 몇 달 전에 입장권을 사 놓았다면 문화생활비 계정은 마음속에 정산이 완료되었으므로 입장권을 다시 사는 사람들이 많았을 것입니다.

이와 관련된 유명 실험이 있습니다. 뉴욕의 택시 기사는 대부분 회사에서 택시를 빌려 영업하는데 그날 번 수입 중 정해진 금액을 회사에 내고 남은 돈이 자신의 수입이 됩니다. 그렇기 때문에 날마다 목표금액을 채우는 시간이 달라지게 됩니다. 연구자들의 조사에 의하면 택시 기사들은 자신이 정해 놓은 하루 목표 금액을 일찍 달성하면 더 이상 영업하지 않고 집으로 퇴근하는 경우가 많았다고 합니다. 심적 회계의 판단 기준이 하루로 설정되어 있다는 것입니다.

영업 업무를 하던 시절 경험입니다. 매월 달성해야 하는 목표와 그것을 통해 연간 달성해야 하는 목표가 있었습니다. 어떤 달은 판매 상품의 효율이 좋아 15일 만에 한 달 목표를 달성한 적이 있었습니다. 보통 1년 단위의 목표를 받기 때문에 한 달 한 달 목표 대비 조금씩 더 한다면 연간 목표에 좀 더 빨리 다가갈 텐데 한 달 목표를 빨리 달성한 달은 심적으로 조금 느슨해졌습니다. 뉴욕의 택시 기사처럼.

이미 써 버린 돈이 아까우세요?
이 오류에 빠지셨습니다: 매몰비용의 오류

오랜만에 친한 동생을 집으로 초대해 저녁을 먹기로 했습니다. 격식 없이 친한 사이긴 하지만 초대했으니 잘 먹여야 한다고 생각하고 일단 근처 마트에 갔습니다. 고기와 회를 둘 다 좋아하는데 때마침 모둠 회를 세일하고 있었습니다. 일단 1팩을 만 원에 사고 고기도 사고 집으로 돌아오는데 아무래도 모둠 회가 모자랄 것 같아 한 팩 더 사기 위해 마트로 돌아갔습니다. 근데 그새 세일 가격으로 팔리던 모둠 회가 다 팔리고 정상가인 1만 5,000원에 판매되고 있었습니다. 아쉬웠지만 모자란 것보다는 나을 거란 생각에 1만 5,000원에 모둠 회 한 팩을 더 사고 집으로 돌아왔습니다. 예쁘고 큰 그릇 2개를 이용해서 모둠 회를 담아 보고 나름 신경 써서 저녁 준비를 마쳤는데 친한 동생에게서 전화가 왔습니다. 갑자기 집안에 일이 생겨 오지 못한다는 전화였습니다. 저녁을 준비하며 이것저것 먹은 상태라 모듬 회는 다 먹을 수 없을 것 같았습니다. 일단 하나는 먹고 하나는 옆집 분에게 드리고 생각했습니다. 이런 상황에서 전 어떤 모듬 회를 먹을까요?

(1) 만 원짜리 모듬 회
(2) 1만 5,000원짜리 모듬 회
(3) 어떤 것이라도 상관없음

호모 이코노미쿠스라면 어땠을까요? 3번을 선택했을 겁니다. 이미 비용을 지불했고 반품도 불가한 상황이기 때문에 어떤 것을 선택하든지 차이가 없습니다. 하지만 현실에서는 조금 다른 일이 일어납니다. 위의 상황과 비슷한 실험(3달러 냉동식품, 5달러 냉동식품)에서 응답자의 24%가 2번을 선택했습니다. 1만 5,000원을 주고 산 모듬 회를 포기하는 일이 더 아깝다고 생각했을 겁니다.

이렇게 생각하는 것을 행동경제학에서는 '매몰비용 오류(Sunk Cost Fallacy)'라고 합니다. 매몰비용은 이미 사용했기 때문에 다시 되돌릴 수 없는 비용입니다. 매몰비용은 다른 이익으로 대체하거나 투자한 자원을 회수할 방법이 없습니다. 흔히 이 매몰비용 오류를 '콩코드 오류(Concorde Fallacy)'라고도 하는데 비하인드 스토리는 이렇습니다.

2차 세계대전 이후 항공산업의 리더가 된 미국을 이전 항공산업의 리더였던 영국과 프랑스가 이겨 보고자 서로 협력해 초음속 제트기를 개발

했습니다. 이름이 '콩코드'였고 아마도 한 번쯤은 들어 보거나 사진으로 보신 적이 있을 겁니다.

콩코드 여객기는 마하 2의 초음속 비행을 했기 때문에 런던과 뉴욕을 3시간 정도면 비행이 가능했습니다(일반 여객기의 경우 8~10시간 소요). 하지만 콩코드 여객기는 경제성과 여객 수송력에서 경쟁력이 떨어졌습니다. 마하 2의 속도를 내기 위해 슬림하게 디자인된 동체 때문에 일반 여객기에 비해 1/3 정도(100여 명)밖에 승객을 태울 수 없었으며, 초음속 비행으로 인해 소음도 컸고, 연료 소모도 많고, 동체 외부의 수리 건수도 많았습니다. 그런데 이런 문제점들은 콩코드 여객기 개발 초기 단계에서부터 예상되었던 문제점들이었고, 이 문제점들이 발견된 시점에서 이미 10조 원이라는 금액이 초기 개발비로 투자가 된 상태여서 중단할 수 없는 프로젝트가 되어 버렸습니다. 이런 상황에서 1976년 상업 비행에 성공했지만, 일반 항공기 대비 10~15배가 비싼 요금과 소음, 운행 편수의 부족 등으로 인해 결국 대중화에 실패하게 되었고 2003년에는 운행이 전면 중단되었습니다. 이 사례에서 유래된 용어가 바로 '콩코드 오류'입니다.

모둠 회의 사례로 설명해 보겠습니다. 모둠 회를 사서 저녁 대접을 위해 준비까지 다 해 놓은 상태입니다. 다시 환불할 수도 없는 상태가 되었습니다. 그래서 모둠 회를 산 비용은 매몰비용입니다. 경제학 이론에서 매몰비용은 따지지 말고 미래 발생할 편익과 비용만 고려해서 의사결정을 해야 합니다. 하지만 많은 사람이 매몰비용 프레임 때문에 의사결정 과정에 매몰비용을 포함하는 오류를 범하게 됩니다.

매몰비용 오류의 사례는 우리 주변에서 흔하게 발생합니다. 연말, 연초

새해 다짐을 하며 건강해지기로 결심합니다. 그리고 주변에 가까운 피트니스 센터에 등록합니다. 등록 초기 아주 열심히 다닙니다. 그러다 시간이 좀 지나면 조금씩 뜸해지다가 아예 가지 않게 됩니다. 피트니스 센터 등록에 사용된 회비는 매몰비용입니다. 회비를 언제 내었든 간에 지금 운동하러 갈 것인지에 관한 결정에 영향을 미치지 않아야 합니다. 오늘 운동하러 갈 것인지에 관한 결정은 오늘 운동으로 얻을 수 있는 편익과 사용해야 하는 비용(시간과 노력 등)만 고려하면 됩니다. 하지만 많은 사람은 그렇지 않습니다. 매몰비용 오류로 인해 이미 지불한 회비가 신경이 쓰이게 됩니다. 그렇기 때문에 회비를 낸 지 얼마 되지 않은 분들은 초반에 열심히 다니게 됩니다.

매몰비용이 의사결정에 영향을 주고 있다는 것을 알 수 있는 유명한 실험이 있습니다.

상황 (1) 여러분은 비행기 제조사의 회장입니다.

> 레이더에 포착되지 않은 비행기 개발을 목적으로 지금까지 연구개발비 1,000만 달러가 투자되었습니다. 이 프로젝트의 90% 정도가 완성되었을 때 경쟁사에서 동일한 기능을 가진 비행기를 판매하기 시작했습니다. 경쟁사의 비행기가 여러분이 개발하는 비행기보다 속도가 빠르고 경제적입니다. 여러분은 나머지 10%의 사업비를 계속 투자해 비행기 개발을 마무리하시겠습니까?

상황 (2) 여러분은 비행기 제조사의 회장입니다.

> 회사의 연구원이 사업 건의를 했습니다. 레이더에 포착되지 않는 비행기를 개발하는 사업으로 연구개발비 100만 달러 투자를 요청했습니다. 그런데 경쟁사에서 동일한 기능을 가진 비행기를 판매하기 시작했

습니다. 경쟁사의 비행기가 연구원이 건의한 비행기보다 속도가 빠르고 경제적입니다. 여러분은 비행기 개발 사업에 100만 달러를 투자하시겠습니까?

상황 2번에서는 약 83%의 응답자가 투자하지 않겠다고 했습니다. 경쟁사에 비해 경제성도 떨어지고 성능도 떨어지는 사업에 100만 달러 투자는 무리라고 판단했습니다. 그런데 1번 상황에서는 다른 결과가 나타났습니다. 상황 1번을 보면 900만 달러를 이미 투자했고 남은 100만 달러를 비행기 개발 사업에 투자할지를 결정하는 것입니다. 성공 가능성이 낮은 100만 달러를 투자할지를 결정한다는 의미에서 1번의 상황과 근본적으로 다르지 않습니다. 상황 2번의 결과와 비슷한 결과가 나와야 합니다. 하지만 상황 1번에서 응답자의 약 85%가 계속 투자하겠다고 응답했습니다. 왜 그랬을까요? 짐작하셨겠지만 이미 투자한 900만 달러 때문이었습니다. 실로 엄청난 금액이 이미 투자되었으니 어떻게든 마무리를 지어야 한다는 심리가 작용했습니다. 이미 투자한 900만 달러는 매몰비용입니다. 되돌릴 수 없는 비용입니다. 추가 투자를 중단하면 아직 지출하지 않은 100만 달러를 다른 곳에 쓸 기회가 생깁니다. 그런데 사람이라 잘 그러지 못합니다. 그래도 매몰비용은 잊어야 합니다.

사람들은 왜 매몰비용을 잊지 못할까요?

첫 번째로는 손실회피성이 있습니다. 비행기 개발 사업 투자를 포기한다면 이미 지출한 돈이 모두 손실 처리가 됩니다. 너무나 고통스러운 일입니다. 본전 생각이 안 날 수 없습니다. 혹시나 하는 기대도 들게 됩니다. 포기해야 할 매몰비용이 크면 클수록 손실회피성의 심리가 더 크게 작용해 포기가 더 힘들어집니다.

두 번째로는 자신의 평가에 안 좋은 영향을 미치는 것을 걱정하기 때문입니다. 자신이 실패했다는 것을 다른 사람에게 드러내고 싶은 사람은 없을 겁니다. 비행기 개발 사업의 포기는 자신의 선택이 잘못되었음을 인정하는 것입니다. 결국 자신에 대한 믿음과 평판이 떨어지게 됩니다. 자신의 평가에 좋지 않은 영향이 있다는 것을 알기에 사업을 중단하기가 쉽지 않습니다. 회사 고위 경영자나 정치인, 사회적으로 명성이 있는 사람일수록 이런 매몰비용의 효과가 크게 나타나게 됩니다.

매몰비용의 오류를 줄이기 위해서는 시스템 2가 적극적으로 의사결정에 개입하도록 해야 합니다. 또한 Zero-Base 사고가 필요합니다. '아무것도 시작되지 않았다면 나는 어떤 선택을 할까?'라고 생각하는 것입니다. 과거는 일단 지나갔습니다. 다시 돌아오지 않습니다. 굳이 과거의 행동을 합리화하려 하지 마세요.

연봉이 5% 올랐다고요?
에이 그만큼 아니에요
: 화폐착각(Money Illusion)

직장인들은 연말 인사평가 시즌이 되면 신경이 곤두서게 됩니다. 그해의 평가를 어떻게 받느냐에 따라 다음 해의 연봉 인상률이 결정됩니다.

제 업무 성과가 좋아 6%의 연봉 인상이 예정되어 있다고 한다면 저는 제 생활도 6%만큼 좋아질 거로 생각합니다. 그런데 만약 물가가 7% 오르게 되면 오히려 연봉의 실질가치는 1% 낮아지게 됩니다. 생활수준이 1% 낮아졌습니다. 제 연봉이 6% 오르는 것은 명목가치에 해당하고 물가 상승률과 비교해서 -1%가 된 것은 실질가치에 해당합니다. 명목가치보다는 실질가치가 중요한 이유가 여기에 있습니다. 실질적인 임금 인상률은 물가 상승률을 제외한 수치입니다.

그런데 많은 사람들이 명목가치에 '혹하는' 경우가 많습니다. 이를 '화폐착각(money illusion)'이라고 합니다. 명목가치의 프레임에 갇혀 인지오류가 발생하는 것입니다.

다음의 두 가지 상황이 있다고 가정해 보겠습니다

(1) 임금 상승률 4%, 물가 상승률 6%
(2) 임금 상승률 -2%, 물가 상승률 0%

어느 상황이 더 공정하다고 생각하시나요?
아마도 상황 2번이 공정하지 못하다고 생각하시는 분이 많을 겁니다. 명목가치가 하락했기 때문입니다. 그런데 상황 1번과 2번을 잘 살펴보면 실질가치는 둘 다 -2%입니다. 일반적으로는 그렇게 생각할 수 있습니다. 사람은 손실은 피하고 싶어 합니다. 그러나 사람들은 상황 2번을 명목임금이 하락했기 때문에 심각한 손실로 생각하고 공정하지 못하다고 생각합니다. 상황 1번에서는 일단 명목임금이 상승했기 때문에 그 프레임에 갇히게 되고 실질임금에 대한 고려보다는 명목임금이 올랐다는 사실에 초점을 맞추게 됩니다.

미국에서 이와 관련된 실험을 했습니다.

상황: 미국은 현재 극심한 인플레이션을 겪고 있다고 가정합니다. 급여뿐 아니라 모든 재화와 서비스의 가격이 6개월 만에 25%가 상승했습니다. 소득과 지출이 모두 25%씩 증가했습니다.

(A) 6개월 전 가죽 소파를 사려고 했는데 지금 그 소파 가격이 400달러에서 500달러로 상승했습니다. 6개월 전에 비해서 지금 이 가죽 소파를 더 사고 싶으신가요, 사고 싶지 않으신가요?

(B) 6개월 전 갖고 있던 골동품 책상을 팔려고 했는데 그 책상의 가격이 이제 400달러에서 500달러로 올랐습니다. 6개월 전에 비해서 지금 이 책상을 더 팔고 싶어졌습니까, 아니면 팔고 싶지 않아졌습니까?

상황 A, B에 대한 응답 비율은 아래와 같았다고 합니다.

상황 (A)
더 사고 싶어졌다. **7%**
변함없다. **55%**
덜 사고 싶어졌다. **38%**

상황 (B)
더 팔고 싶어졌다. **43%**
변함없다. **42%**
덜 팔고 싶어졌다. **15%**

상황 A에서는 자신이 사고 싶었던 소파의 가격이 25% 올랐고 상황 B에서는 자신이 팔려 했던 책상의 가격이 25% 올랐습니다. 상황 A에서 소파의 가격만 25% 오르는 게 아니라 자신의 소득도 같은 비율로 올랐습니다. 6개월 전과 경제적 조건으로는 동일하기 때문에 소파를 사고 싶은 마음이 달라질 이유는 크게 없습니다. 그런데 덜 사고 싶어졌다는 사람이 38%나 되었습니다. 소파의 명목가격이 변했기 때문입니다. 그렇다면 상황 B는 어떨까요? 팔려는 책상의 가격이 25%가 올랐기 때문에 팔려고 하는 마음이 더 커졌다는 사람이 43%가 되었습니다.

상황 A, B는 명목가격이 오른 것에 따라 사고 싶은 마음이 줄어들고, 팔고 싶은 마음이 늘어난 것입니다. 이 실험은 사람은 화폐착각에 빠질 수 있다는 것을 보여 주는 것입니다.

지금까지 미국에서 개봉한 영화 중 실질가치로 생각했을 때 최고의 수입을 기록한 영화는 어떤 영화일까요? 「어벤져스: 엔드 게임」일까요?

바람과 함께 사라지다

1939년 개봉한 「바람과 함께 사라지다」라고 합니다. 현재의 실질가치로 따지면 미국 내 수입만 19억 달러라고 합니다. 그에 비해 「어벤져스: 엔드게임」이 8억 6,000만 달러였다고 합니다. 화폐착각이 줄어드는 길, 물가안정이 중요합니다.

자기도 모르게 '중짜'를 시키는 당신에게
: 극단회피(Extremeness Aversion)

저는 돼지고기를 좋아합니다. 식당에서 먹을 경우 굳이 선호도를 따지자면 목살을 제일 좋아하고 그다음 삼겹살이고 양념갈비 순입니다. 부호로 표시해 보면 목살 > 삼겹살 > 양념갈비입니다. 저의 7살 아들은 양념갈비 > 껍데기 > 목살 순입니다. 저의 선호도만 보면 만약 목살과 양념갈비 두 개 중 선택을 해야 할 때 당연히 전 목살을 선택할 것입니다. 하지만 이게 항상 이렇지는 못합니다. 가격이라는 프레임이 제 머릿속에 들어오고 나면 선택이 달라질 수 있습니다. 양념갈비가 1인분에 10,000원, 삼겹살이 13,000원이고 목살이 1인분에 16,000원이라고 가정해 보겠습니다. 양념갈비와 삼겹살 중에 무엇을 먹을지 선택하라고 하면 전 3,000원이 비싸지만, 삼겹살을 선택할 겁니다. 내가 좋아하는 음식을 먹기 위해 3,000원 정도는 더 낼 수 있습니다. 이번에는 삼겹살과 목살 중에 하나를 선택하라고 하면 목살을 선택할 겁니다. 좀 더 좋아하는 음식을 먹기 위해 3,000원 정도는 더 낼 생각이 있습니다. 그런데 양념갈비와 목살 중에 선택해야 하는 상황이 되었습니다. 양념갈비와 목살의 가격 차이가

6,000원이 됩니다. 목살을 제가 많이 좋아한다고 하지만 2인분만 해도 가격 차이가 12,000원이나 납니다. 그래서 전 목살 대신 양념갈비를 선택합니다. 양념갈비와 삼겹살, 삼겹살과 목살 간의 가격 차이는 각 3,000원으로 제 마음속에 허용 가능한 범위 안에 있어 좀 더 좋아하는 것을 선택할 수 있지만 양념갈비와 목살은 6,000원 차이고 기본적으로 2인분은 먹기 때문에 그 가격 차이는 12,000원이 됩니다. 이 차이는 제 마음속에 허용 가능한 범위를 벗어난 것이기 때문에 목살보다 덜 좋아하는 양념갈비를 선택하는 상황이 발생할 수 있습니다. 목살 2인분 먹느니 양념갈비 3인분을 먹자는 생각이 들 겁니다.

이렇듯 선택이 바뀌는 선택 역전에 관련된 실험이 있습니다. 실험 참가자에게 A에서 E까지 5가지의 전자계산기를 보여 주고 실험 참가자에게 원하는 계산기를 선택하라고 했습니다. 전자계산기는 E, D, C, B, A 순으로 기능이 많습니다. 여기서 제한조건이 하나 있었는데 다섯 종류를 한꺼번에 제시하지 않고 세 가지씩 보여 주고 교체하여 제시했습니다. 실험 참가자들의 선택 비율은 이랬습니다.

(1) A:B:C = 5%:48%:47%
(2) B:C:D = 26%:45%:29%
(3) C:D:E = 36%:40%:24%

1번 조건에서는 B를 선택한 사람이 제일 많았습니다. 그런데 2번 조건에서는 C를 선택한 사람이 제일 많았습니다. 3번 조건에서는 D를 선택한 사람이 제일 많았습니다.
B와 C를 비교해 봤을 때 1번 조건에서는 B를 더 많이 선택했지만 2번

조건에서 B보다 C를 더 많이 선택했습니다. 2번 조건에서 C를 제일 많이 선택했지만 3번 조건에서는 D를 제일 많이 선택했습니다. 선택이 역전되는 상황이 발생했습니다.

그런데 이 실험 결과를 가만히 보고 있으면 재미있는 현상이 있습니다. 실험 참가자들은 세 가지 대안 중에 유독 가운데 대안을 제일 많이 골랐습니다. 많은 연구자가 다양한 상황과 상품을 가지고 실험을 해 봤지만, 결과는 크게 다르지 않았습니다. 즉, 중간에 있는 대안을 선택하는 현상이었습니다.

이러한 심리를 '극단회피(Extremeness Aversion)' 성향이라고 합니다. 고가, 중가, 저가의 제품이 있을 때 중간 수준의 대안 제품으로 타협한다고 하여 '타협 효과(Compromise Effect)'라고도 합니다. 모든 정보를 파악하여 가격과 품질을 비교하여 가장 좋은 상품을 떡하니 선택하면 좋을 것 같지만 사람인지라 가장 비싸거나 가장 저렴한 상품을 피하고 중간의 상품을 결정하는 인지 편향을 보이게 됩니다.

전자계산기 실험과 비슷한 식당에서의 맥주 선택에 관한 실험이 있었습니다.

맥주	가격(달러)	각 메뉴 선택률(%)		
		메뉴 1	메뉴 2	메뉴 3
A	1.6	-	-	-
B	1.8	20%	80%	5%
C	2.5	80%	20%	85%
D	3.4	-	-	10%

맥주 B, C가 있는 메뉴 1번에서는 80%의 손님이 맥주 C를 선택했습니다. 가장 저렴한 맥주 A를 추가한 메뉴 2번에서는 맥주 B를 선택한 손님이 80%였습니다. 가격이 중간에 해당하는 맥주 B를 선택한 손님이 많았습니다. 이번에는 맥주 A를 제외하고 가장 가격이 높은 맥주 D를 추가한 메뉴 3번에서는 손님의 85%가 맥주 C를 선택했습니다. 메뉴 3번에서는 맥주 C가 중간 가격에 해당하는 맥주였습니다. 맥주에 대한 일관된 선호도라기보다는 메뉴에 적혀 있는 프레임에 따라 선택이 달라졌던 것입니다. 중간 가격의 맥주가 가장 많은 선택을 받았습니다.

이렇듯 극단을 피하고 싶은 심리는 사람들에게 있어 거의 본능에 가깝다고 합니다. 지금의 사회생활을 생각해 봐도 그럴 것 같습니다. 직장에서 너무 나서면 누군가의 시기와 질투를 받게 됩니다. 우리나라 속담에 "모난 돌이 정 맞는다."라는 게 있습니다. 우리 선조들도 이런 극단회피 성향이 있었음을 속담에서 유추해 볼 수 있습니다. 그래서 직장에선 중간 정도만 하는 게 중요한가 봅니다.

가끔 배달 주문 하는 족발집의 메뉴판입니다. 왜 그런지 모르지만 보통 '중짜' 메뉴를 시키게 됩니다. 대짜는 너무 많은 것 같고, 소짜는 너무 모자랄 것 같고, 그래서 '중짜'를 시킵니다. 친한 지인과 둘이서 식당에서 주문할 때는 십중팔구 '중짜'를 시킵니다. '소짜'를 시키면 조금 구두쇠 같아 보이고, '대짜'는 왠지 너무 많아 보이고 적당히 무난해 보이는 '중짜'를 주문하게 됩니다. 이런 상황에서 시스템 2를 이용해 각 메뉴들을 분석하기보다는 가장 적게 노력을 기울이면서도 적당한 것을 선택하려는 심리가 크게 작용하게 됩니다. 궁금합니다. 족발집 사장님은 '소짜'

나 '대짜' 메뉴가 많이 팔릴 것이라고 생각했을까요? 그렇지는 않을 겁니다. 물론 '소짜'나 '대짜'를 시키시는 분들이 있을 겁니다. 혼자 먹고 싶거나, 집에 손님이 여러 명 오셨거나, 특별한 날이거나 등등. 족발집 사장님에게 굳이 '소짜'나 '대짜' 메뉴를 없앨 이유는 없습니다. 그래도 사람들이 제일 많이 시키는 메뉴는 '중짜'일 겁니다. 다 이유가 있는 겁니다.

절대로 속지 않는다고 말하며 매일 속는 당신에게
: 미끼 효과(Decoy Effect)

저는 컬러풀한 색감의 옷을 좋아합니다. 계절이 바뀔 때면 좋아하는 브랜드의 온라인쇼핑몰을 기웃거리기 시작합니다. 체중을 줄이고 (90kg→75kg) 나서는 입을 수 있는 옷들이 많아져 그 정도가 더 심해졌습니다.

우연히 제가 좋아하는 브랜드의 쇼핑몰에 들어가 봤습니다. 1번 옷은 퍼플컬러, 2번 옷은 그레이컬러였습니다. 고민이 됩니다.

1번 옷은 컬러가 마음에 듭니다. 근데 회사에 갈 때 입을 수 있을까 고민이 됩니다. 2번 옷은 컬러가 마음에 안 들지만 회사에 입고 가기에는 무난할 것 같습니다. 가격은 둘 다 비슷합니다. 결정을 못 하겠습니다. 잠시 고민하던 중 3번 옷을 보게 됩니다. 3번 옷은 여러 컬러가 혼합되어 있습니다.

마음에 드는 컬러지만 가격은 1, 2번과 비교해 두 배가량 됩니다. 회사에 입고 가면 '인싸'가 될 것 같습니다. 결국 전 1번 옷을 사기로 했습니다.

제 마음속에서는 무슨 일이 벌어진 걸까요?

대안이 2개일 때 각각의 대안이 장단점이 있어 그중 하나를 고르기가 어려울 때가 있습니다. 그런데 이 상황에서 또 다른 제3의 대안이 '상대적으로 떨어지는 프레임'으로 추가된다면 전혀 다른 스토리가 전개됩니다. 1번 옷과 마찬가지로 제가 좋아하는 컬러지만 가격은 두 배 가량 비싼 3번 옷은 저에게는 1번보다는 상대적으로 떨어지는 선택 대안입니다. 3번 덕분에 1번이 더욱 돋보여 보였습니다.

옷 고르기 상황에서 3번 옷은 의도치 않게 다른 선택을 유도하는 '미끼' 역할을 했습니다. 이와 같이 상대적으로 떨어져 보이는 미끼로 인해 사람들의 판단이 영향을 받는 현상을 '미끼 효과(Decoy Effect)' 또는 '유인 효과(Attraction Effect)'라고 합니다.

3번 옷이 없을 때는 1, 2번 옷의 여러 가지 특성(컬러, 줄무늬, 가격, 출근복 등)을 동시에 평가해야 해서 판단이 어려웠지만 3번 옷이 추가되면서 제가 중요하게 생각하는 속성이 하나(가격)로 좁혀지게 된 것입니다.

이와 관련된 연구가 있습니다.

미국의 유명한 경제주간지 회사가 정기 구독자를 모집하며 이렇게 광고했습니다.

**(1) 온라인으로만 구독 시 1년 구독료 59달러
(2) 인쇄본만 구독 시 1년 구독료 125달러
(3) 온라인과 인쇄본 동시 구독 시 1년 구독료 125달러**

미국 MIT 대학생들을 임의의 두 집단으로 나누고 세 개 대안 중 하나를 고르게 했습니다. 16%가 1번을 선택했고 2번을 선택한 학생들은 없었으며, 3번을 선택한 학생들은 84%였습니다. 2번을 선택하지 않은 이유는 누가 봐도 알 수 있습니다. 1년 구독료가 같음에도 2번은 3번보다 상대적으로 떨어지는 조건이기 때문입니다.

두 번째 대학생 집단에는 2번을 없애고 1번과 3번으로 이루어진 광고를 보여 준 후에 하나를 고르게 했습니다. 첫 번째 실험 결과와는 많이 다른 양상을 보여 줬습니다. 1번을 선택한 비율이 68%였고 3번을 선택한 비율이 32%였습니다.

경제주간지 회사로서는 어떤 독자가 좋을까요? 아무래도 구독료를 많이 내 주는 독자가 좋을 겁니다. 1, 3번만 제시했을 때는 저렴한 1번을 선택하였는데 3번과 비교해 상대적으로 떨어져 보이는 2번을 추가함으로써 3번을 더 매력적으로 보이게 만들고 3번을 선택하게 만드는 전략인 것입니다.

사람은 완벽하게 합리적으로 선택할 수 없는 존재입니다. 대신 자신의 선택이 틀리지 않기를 바라면 적당한 만족을 원하게 됩니다. 미끼는 이 선택을 정당화시켜 주는 역할을 하게 됩니다.

미끼와 극단회피는 비슷해 보이지만 차이가 있습니다. 극단회피는 가운데 상품을 유도하도록 고가의 상품을 미끼로 사용하는 것이고 미끼 효과는 고가의 상품이 선택되도록 하기 위해 그것보다 상대적으로 떨어지는 미끼를 넣는 것입니다.

좋으면 숫자, 나쁘면 퍼센트

온 국민이 알고 있는 중식당이 있다고 가정해 보겠습니다. 이 식당의 대표 메뉴는 자장면인데 한번 맛보면 또 먹으러 올 수밖에 없는 맛이라 일명 마약자장면이라고 합니다. 근데 국제정세 불안 등의 영향으로 밀가루 가격이 가파르게 오르자 식당 사장님은 자장면의 판매가를 기존 6,000원에서 7,000원으로 약 16%를 올렸습니다. 이 식당은 아주 유명한 식당이라 언론사 분들도 많이 오셨습니다. 손님으로 오던 기자분들 중 2명이 자장면 가격 인상에 관한 기사를 썼습니다. 두 기자분이 각기 다른 특성을 가지고 계셨는지 기사를 아래와 같이 조금 다르게 냈습니다.

(1) ○○○중식당 일명 마약자장면 가격 16% 올리기로
(2) ○○○중식당 일명 마약자장면 가격 1,000원 올리기로

사실 두 기사는 동일한 내용을 얘기한 것입니다. 그런데 웬일인지 두 기사를 접한 사람들의 반응이 서로 달랐습니다.

1번 기사를 접한 사람들은 '그 유명한 ○○○중식당 마약자장면 가격이 오르는구나.' 하고 끝입니다. 반응이 뜨뜻미지근합니다. 그런데 2번 기사를 접한 사람들의 반응은 사뭇 달랐습니다. '뭐? 마약자장면 가격이 1,000원이나 오른다고?' 하며 굉장히 놀란 반응을 보였습니다. 동일한 내용을 다르게 표현한 것뿐인데 이를 받아들이는 사람들의 반응이 전혀 다릅니다.

일반적인 경우에 숫자는 퍼센트보다 사람들에게 더 강한 인상을 주게 됩니다. 그렇기 때문에 사람들의 관심을 끌려고 할 때는 숫자 프레임으로 제시하는 것이 퍼센트 프레임으로 제시하는 것보다 훨씬 효과적입니다.

취업률과 관련된 보도가 있다고 하겠습니다. 두 내용은 동일한 내용이며 표현만 바뀌었다고 가정하겠습니다.

(3) 취업자 수 100만 명 증가
(4) 취업자 수 2% 증가

여러분은 몇 번 기사에 더 끌리시나요? 전 3번 기사가 더 매력적으로 보입니다. 대한민국의 취업자 수를 잘 알고 있는 사람이 몇 명이나 되겠습니까? 그런데 100만 명이 증가했다는 것은 듣는 사람에게는 상당히 좋은 수치로 보일 겁니다. 그에 비해 2% 증가했다는 4번 기사는 크게 감흥이 없어 보입니다. 그냥 그렇구나 하고 넘어가게 됩니다. 좋은 소식인 것처럼 보이고 싶을 때는 퍼센트보다는 숫자로 표현하는 편이 효과적입니다. 만약에 좋지 않은 소식이라면 어떻게 할까요? 예상하셨겠지만 퍼센트로 표현하는 것이 좋습니다. 취업률은 긍정적인 뉴스이고 실업률은 부정적인 뉴스입니다. 그러니 실업률을 얘기할 때는 퍼센트로 전해 주는 것이 부정적 인식을 조금이라도 줄이는 데 도움을 줄 수 있습니다. 좋은 소식은 숫자로 안 좋은 소식은 퍼센트로.

TV 홈쇼핑에서도 세일을 합니다. 물론 다른 판매채널과 달리 세일을 할 수 있는 여러 가지 조건들이 엄격하게 적용됩니다. 즉, 함부로 세일이라는 말을 쓸 수 없습니다. 그래서 TV 홈쇼핑에서 하는 세일은 눈여겨보셔도 됩니다.

원래 판매가격이 200만 원이었던 어떤 상품에 대한 세일 방송을 준비하던 PD님이 고민에 빠졌습니다. '세일을 퍼센트로 알려 줄까, 금액으로 알려 줄까'가 그것이었습니다.

(5) 30% 세일
(6) 60만 원 세일

어떤 것에 소비자가 더 관심을 가질까요? 아무래도 60만 원 할인이라고 표현한 것에 더 관심을 가질 겁니다. 그렇다고 항상 할인 금액으로 표시하는 것이 유리한 것만은 아닙니다. 미국에서는 할인 표현을 할 때 상품가격이 100달러 이하면 할인율로, 100달러 이상이면 할인 금액으로 표시하는 경우가 많다고 합니다.

사람은 숫자로 표현되는 프레임에 항상 강한 인상을 받을까요? 일반적으로 숫자가 커지면 효과는 점점 줄어든다고 합니다. 이와 관련된 실험이 있습니다.

실험 참가자를 두 집단으로 나누고 자동차 사고에 관한 통계 내용을 보여 줍니다. 한 그룹에는 7번 통계 내용, 또 다른 그룹에는 8번 통계 내용을 보여 주고 사고의 주요인이 '운전 중에 문자 보내기'라고 얘기한 후 운전 중에 문자를 보내는 사람에게 벌금을 얼마나 부과할 것인지 얘기하도록 했습니다.

(7) 자동차 사고로 25초에 한 명씩 사망하고 1초에 한 명씩 다친다.
(8) 자동차 사고로 1년에 1,300,000명씩 사망하고, 1년에 35,000,000명씩 다친다.

7, 8번은 같은 내용입니다. 7번을 본 실험 참가자 그룹이 더 많은 벌금을 부과해야 한다고 답했습니다. 사람은 큰 숫자를 자신의 감정에 반영하는 데 어려움을 겪습니다. 그러기에 8번을 본 그룹은 7번을 본 그룹보다 자동차 사고의 심각성을 덜 느끼게 됩니다. 이런 현상을 '심리적 마비(Psychological Numbing)'라고 합니다. 숫자를 제시하는 프레임이 좁고 구체적일수록 더 강한 인상과 설득력을 전달합니다.

날마다 노스트라다무스가 되는 당신에게
: 사후확신편향

A팀에 근무하는 K라는 과장이 있습니다. 이 친구는 평소 회사에서 오지랖이 넓다고 소문이 자자한 친구입니다. 어느 날 L팀의 팀장이 팀원을 불러 놓고 심하게 질책합니다. "나에게 불만이 있거나 하고 싶은 말이 있

으면 직접 얘기해라. 비겁하게 뒤에서 욕하지 말고. 팀원들도 잘한 거 없다. 점심에 같이 밥도 안 먹는 팀이 무슨 팀이냐."라고. L팀 팀원들은 그야말로 정신적 혼란에 빠지게 됩니다. 어디에서부터 뭐가 잘못되어서 팀장이 발끈했는지 모르겠습니다. 그렇게 한참 동안 L팀의 팀장은 선사시대(?)까지 거슬러 가 자신의 섭섭함과 기분 나쁨을 얘기했습니다. 팀원들은 이유가 무엇인지 궁금했습니다. 팀원 중에 한 명이 뭔가를 생각해 냅니다. A팀의 K 과장이 L팀의 팀장과 회의실에 30분 정도 있다 나온 것 같은데 그 이후에 팀장이 발끈한 것 같다고 얘기합니다. 결국 K 과장을 찾아가 물었습니다. K 과장이 얘기합니다. L팀 팀장에 대해 들리는 얘기를 전해 줬다고 합니다. "L팀 팀장이 일을 하지 않는다, 팀원들에게 일을 전가한다 등의 소문이 돈다. 당신에 대한 소문이 좋지 않으니 조심해야 한다."라는 얘기를 했다고 합니다. K 과장이 왜 자신의 팀장도 아닌 L팀 팀장에게 얘기했는지 L팀 팀원들은 전혀 이해할 수 없었습니다. 졸지에 L팀 팀원들은 자신의 팀장에 대해 안 좋은 소문을 낸 당사자들이 되었습니다. L팀의 분위기는 최악이었습니다. 서로가 서로를 믿지 못하는 살얼음을 걷는 분위기가 한동안 지속되었습니다. L팀 팀원들과 친하던 H 과장이 L팀에서 일어난 일을 듣게 됩니다. 그리고 자신이 들은 얘기를 예전에 팀장으로 모셨던 J 팀장에게 얘기합니다. 얘기를 듣자마자 J 팀장은 이렇게 얘기합니다. "그놈 이런 사고 칠 줄 진작부터 알고 있었어. 지가 L팀 팀장에게 직접 그런 얘기를 해?"

제 지인으로부터 들은 실화입니다. K 과장이라는 친구가 무슨 생각으로 L 팀장에게 그런 얘기를 했는지 모르지만 전 K 과장보다는 J 팀장의 말에 더 관심이 갑니다. K 과장이 그럴 줄 알았다는 말. 생각해 보면 "내가 이렇게 될 줄 알았어."라는 뉘앙스의 말을 해 보지 않은 사람은 거의 없을 겁니다. 아직은 아니지만 제 아이가 학교에 들어가 성적표라는 것을 받아 오게 되면 저도 이렇게 얘기할 일이 있을 것 같습니다. "공부 안 하고 매일 놀더니 이런 성적 받을 줄 알았어." 자녀의 성적표가 못마땅할 때 아빠, 엄마들의 흔한 반응이라 생각합니다. 그러다 성적이 좋을 때는 이럴 것 같습니다. "우리 애가 잘할 줄 알았어, 역시 날 닮았어!"라고 아빠가 얘기하면 "절 닮아서 그래요."라고 엄마가 대답하며 티격태격할 것 같습니다. 공부를 안 해서 좋지 않은 성적표를 받았다면 그럴 만한 충분한 근거가 있는 말이니 그렇다 치더라도 성적이 좋을 때는 본인들을 닮아서 좋았다고 합니다. 근거가 타당하다고 보기에는 어렵습니다.

결과를 본 후 그런 일이 있을 거라고 충분히 예상하고 있었다고 생각하는 현상을 '사후확신편향(Hindsight Bias)'이라고 합니다. 발생한 사건이 머릿속에서 작용하고 있다는 점에서 이용가능성 휴리스틱으로도 볼 수 있습니다.

대형 참사가 발생하면 언론에서 단골로 나오는 얘기가 있습니다. '예고된 인재'가 바로 그것입니다. 안전에 대한 안이한 태도와 관리 부실 혹은 미흡 등의 인재인 것은 확실하지만 '예고된'이라는 표현은 사후확신편향의 영향을 받았다는 것을 보여 줍니다. 예고되었다면 막았어야 합니다.

TV 홈쇼핑 MD 시절 많은 신상품을 론칭했습니다. 잘된 상품도 있고 안된 상품도 있습니다. 잘된 경우에는 좋지만 잘 안된 경우에는 주변에 꼭 이런 얘기를 하시던 분들이 있었습니다. "거 봐~. 내가 그 상품 안된다고 했잖아~." 제가 잘되고 안되는 걸 미리 알고 있었으면 사업을 했을 겁니다. 뚜껑을 열어 보기 전에 알 수 없는 게 사람의 마음이라 잘될 수 있도록 최선을 다했을 뿐입니다. 盡人事待天命(진인사대천명)의 마음으로.

사후확신 편향에 대한 다양한 실험이 있습니다.
실험 참가자를 두 그룹으로 구분하고 같은 문제를 제시했습니다. 한 그룹에는 문제와 정답을 같이 알려 줬고, 다른 한 그룹에는 정답을 알려 주지 않았습니다. 실험 참가자에게 실험 참가 전 이 문제의 정답을 알고 있었는지 물어봤는데 문제와 정답을 같이 알려 준 그룹의 참가자들이 자신들은 실험 전부터 정답을 알고 있었다고 더 확실하게 대답하는 경향이 있었습니다. 정답과 문제를 같이 알려 준 그룹에 지식이 엄청나게 뛰어난 참가자가 많지 않은 한 사후확신 편향의 영향을 받은 것입니다.

또 다른 사례로 위험한 수술과 관련된 실험입니다.
실험 참가자들에게 수술과 관련된 내용을 얘기해 주고 의사의 수술 결정을 평가하게 했습니다.

이 수술은 위험한 수술로, 수술을 받은 환자 10명 가운데 8명이 사망한다는 사실을 여러분은 알고 있습니다. 어떤 의사가 환자에게 이 수술을 했습니다.

(1) 수술 후 환자가 사망했습니다. 이 의사의 수술 결정을 어떻게 평가하십니까?
(2) 수술 후 환자가 건강을 되찾았습니다. 이 의사의 수술 결정을 어떻게 평가하십니까?

1번 상황에서 참가자들은 의사의 결정에 대해 상대적으로 비판적으로 평가하였고, 2번 상황에서는 긍정적으로 평가했습니다. 만일 사전 정보가 없었다고 하더라도 그렇게 평가했을까요? 수술 결과를 알고 난 후 사후확신편향이 영향을 줬음을 알 수 있습니다.

사후확신편향은 스스로의 능력을 자신도 모르게 과도하게 높게 평가할 수 있기 때문에 위험한 습관입니다. 만일 이 사후확신편향에 빠져 주식 투자를 한다고 생각해 보겠습니다. 자신은 항상 대박 나는 주식을 고를 수 있다고 착각하게 됩니다. 인생 대박을 한 번에 이룰 수 있다고 생각합니다. 하지만 결과는 어떨까요? 정말 대박을 친 사람도 있겠지만 그렇지 않은 사람이 훨씬 더 많을 것입니다. 내일 어떤 일이 일어날지 정확하게 알 수 있는 사람은 없습니다.

스스로 천재라고 생각하는 당신에게 : 과신(Overconfidence)

대학을 졸업(99년)하고 군대에 가기 전까지 약 3년간 아르바이트를 했었습니다. 벤처회사, 광고회사, 컨설팅회사에서 일을 했었는데 벤처회사에서 일할 때 개그맨 전유성 님과 함께한 프로젝트가 있었습니다. '전유성의 인터넷 이젠 1시간'이라는 제목으로 인터넷 사용법부터 관련 여러 가지를 가르쳐 주는 교육사업이었습니다. 책만이 아닌 비디오를 통해서도 내용을 가르쳐 주는 방식이었습니다. 당시 상황은 인터넷을 못 하면 금방 도태되어 버리고 그렇기 때문에 누구든지 인터넷을 빨리 배워야 한다는 얘기가 뉴스 등에서 자주 등장하던 때입니다.

이 프로젝트의 메인 타깃은 40대 중반 이상의 직장인이었습니다. 프로젝트를 함께 하며 전 이 프로젝트가 성공할 수밖에 없다고 생각했습니다. 자칭 누구도 따라올 수 없는 마케터라고 자부하던 때였습니다(지금 생각하면 부끄러움이라고는 전혀 모르던 아주 뻔뻔한 시절이었습니다. 책에서 배우고 외운 마케팅 관련 지식을 가지고 세상의 마케팅을 혼자 다 아는 것처럼 뽐내던 시절이었습니다).

시장조사를 통해 메인 타깃이었던 40대 중반 직장인들은 젊은 세대들과 달리 새로운 것에 대한 두려움이 있었고, 직장에서 나름은 지위가 있어 밑에 사람들에게 대놓고 물어보기도 자존심 상하고, 그렇다고 책만 보고는 이해 못 하는 것도 많다는 것을 알게 되었습니다. 글만이 아닌 눈으로 보면서 따라 할 수 있는 방식, 컴퓨터 관련 서적을 출판했던 개그맨 전유성 님을 내세워 1시간이면 인터넷을 쉽게 배울 수 있다는 콘셉트는 제가 보기에 성공할 수밖에 없다고 생각했습니다. '이렇게 마케팅 첫 프로젝트에서 대박을 터트리는구나~. 얼마 안 있으면 나를 모셔 가려고 여기저기서 연락이 오겠구나.'라는 말도 안 되는 상상을 했었습니다. 경험과 지식이 조화를 이루어야 하는데 그게 안 되었습니다.

곧 대박 마케터가 될 거라는 상상은 제품이 시장에 나오자 산산조각이 났습니다. 시장은 제 판단처럼 움직이지 않았습니다. 판매량이 도통 오르지 않았습니다. 분명 성공할 수밖에 없는 프로젝트인데 이해가 가질 않았습니다. 무엇이 잘못되었을까 고민을 하던 중 집으로 돌아가던 지하철에서 그 답을 찾게 되었습니다. 술을 좀 마신 40대 중반 이상으로 보이시는 두 분이 인터넷에 관해서 대화하고 있었습니다.

"이 부장~ 요새 인터넷 공부 좀 해? 안 하면 곧 잘릴 것 같은 분위기인데…." "김 부장~ 너 짬밥이 얼만데 네가 해? 사원, 대리급 똘똘한 친구 많잖아~. 업무지시를 해. 덜 머리 아프고 덜 쪽팔려~." 그 이야기를 듣고 난 후 머리가 하얀 백지장이 되었습니다. 시장은, 아니 제가 생각했던 메인 타깃은 저의 생각처럼 움직이지 않았습니다. 제가 시장에서 제일 처절하게 깨져 봤던 경험입니다.

저는 왜 그렇게 자신만만했을까요? 이 정도 지식이면 충분하다는 믿음은 어디서 나왔을까요? 전 제 능력을 너무나 믿었습니다. 이런 현상을 '과신(Overconfidence)'이라고 합니다.

사람은 자신의 능력, 지식 등을 과대평가하는 경향이 있습니다. 아마도 "자신의 업무능력을 어떻게 평가하십니까?"라는 질문을 받는다면 많은 분이 겸손하게 이렇게 답할 것 같습니다. "저는 다른 사람들보다 평균 이상은 하는 것 같습니다." 도대체 못하는 사람은 어디 있을까요? 혹 자신보다 못한 몇몇 사람을 생각하고 평균 이상이라고 자신의 능력을 과대평가하는 것은 아닐까요?

'過猶不及(과유불급)'이라는 말이 있습니다. 정도를 지나침은 미치지 못함과 같다는 뜻입니다. 주변에 이런 분들도 있을 겁니다. 자기는 못한다고. 할 줄 아는 게 없다고. 반면에 이런 분들도 있을 겁니다. 자기는 웬

만한 건 해 봤다고. 뭐든지 할 수 있다고. 자신감이 너무 없어도 문제지만 너무 넘쳐도 문제입니다.

'스톡데일 역설(Stockdale Paradox)'이란 말이 있습니다. 베트남 전쟁 시 미 공군 조종사였던 스톡데일이 포로로 잡혔습니다. 스톡데일은 8년이나 수용소 독방에서 견뎠다고 합니다. 반면에 그와 함께 수용되었던 동료들은 포로 생활을 견디지 못하고 목숨을 잃었습니다. 어떻게 포로 생활을 견딜 수 있었냐는 기자의 질문에 스톡데일은 이렇게 대답했다고 합니다. "곧 석방되리라고 상황을 낙관한 사람들은 모두 죽었습니다. 저는 그렇지 않아서 살았습니다."

곧 석방될 것이라는 희망을 품다가 실망과 좌절을 반복한 스톡데일의 동료들은 상실감과 무력함 때문에 죽었지만 스톡데일은 현실을 직시하고 이에 대비를 했기 때문에 죽지 않았습니다. 지나친 낙관주의가 사람을 좌절시키고 파멸시킬 수 있는 것을 가리켜 스톡데일 역설이라고 부릅니다.

지나친 낙관도 문제고 지나친 비관도 문제라면 답은 적당한 낙관주의입니다. '무조건 잘될 거야.'라는 맹목적 희망보다는 현실을 인정하고 보다 나은 미래를 위해 준비하려는 삶의 태도가 중요합니다.

적당한 낙관주의를 가진 사람들은 '일희일비'하지 않습니다. 오늘 잘못된다고 내일 또 잘못되는 건 아닙니다. 내일은 또 내일이기 때문에 이를 준비합니다. 이런 꾸준한 태도가 쌓이고 쌓여 변화를 만들어 낸다고 믿습니다.

저는 가끔 이런 얘기를 합니다. "나중에 해남 가서 카페 할 거야~." 제가 카페를 열어 주길 기다리는 사람들은 한 명도 없습니다. 당연히 카페를 열면 손님이 문전성시를 이룰 거라는 생각도 하지 않습니다. 하지만 일반적으로 실패를 예상하고 창업을 하는 사람은 없을 겁니다. 대부분 잘될 거라고 생각합니다. 그러나 현실은 녹록지 않습니다. 현실에서의 실제 통계가 저에게도 적용될 수 있습니다. 그렇기 때문에 당장이 아니고 철저한 준비를 한 후에 카페를 할 겁니다. 저에게 남과 다른 특별한 능력이 있다고 과신하기보다는 잘될 거긴 하지만 좀 더 준비하자는 자세로 임할 겁니다.

자기 과신에 빠진 사람보다 자신의 능력이 부족하다고 느끼는 사람이 오히려 위험에 빠질 가능성이 상대적으로 적습니다. 자기 과신에 빠진 사람은 외부의 도움이 필요해도 혼자 해결할 수 있다는 착각에 위험에 빠질 수 있지만 자신의 능력이 부족하다고 생각하는 사람은 신중하게 판단하고 필요하면 전문가의 도움을 구하기 때문입니다.

저는 점심시간을 이용해 복싱을 합니다. 아직 같이 운동하는 동료들이 2~3명이 됩니다. 그중 한 친구는 등록은 아주 잘합니다. 업무가 업무인지라 점심에도 사람들을 많이 만나야 해 점심 운동이 쉽지 않습니다. 아마도 본인은 점심에 못 가면 저녁에 갈 수 있다고 본인의 복싱 운동 의지를 과신한 것 같습니다. 물론 이 친구는 복싱 말고도 다른 운동을 많이 하긴 합니다. 만일 이 친구가 다른 운동 말고 복싱만 했다면 1회 이용권을 끊는 게 더 경제적이었을 겁니다.

운동을 하셨던 분 중에 이런 얘기를 하시는 분들이 있습니다. "내가 왕년에 운동을 얼마나 했는데~. 아직 쌩쌩해~." 정말 쌩쌩할 수도 있지만 지나친 자기 과신입니다. 운동은 경험으로 하는 게 아닌 현재에서 하는 것이기 때문입니다.

계획대로 끝나지 않는 이유
: 계획오류(Planning Fallacy)

20년 6월 말부터 10월 말까지 약 15kg를 감량 후 체중을 유지하다 12월쯤 또 하나의 목표를 세웠습니다. 바디 프로필을 찍어 보자는 목표였습니다. PT숍의 코치님이 69kg 정도까지만 빼면 좋을 것 같다고 해서 거기에 맞게 운동 계획을 짰습니다. 21년 2월 말이나 3월 초에 찍을 계획을 세우고 새로운 마음으로 운동을 했습니다. 초콜릿 복근이 선명하게 있는 복부를 생각하고, 태평양처럼 넓은 어깨와 터질 듯한 가슴 근육을 상상했습니다. 몸이 잘 나와 피트니스 대회에 나가고 상을 타는 그런 상상도 했습니다. 될 거라고 생각했습니다. 꾸준함이라면 누구에게도 뒤지지 않는 저라고 자부했습니다. 계획에 맞춰 차근차근 가고 있었습니다. 잘 가고 있는 도중 문제가 생겼습니다. 저에게 생긴 문제는 아니었고 가족에게 문제가 생겼습니다. 아버지가 암 판정을 받으셨습니다. 21년 1월 중순이었습니다. 그 이후로 아버지가 수술받고 퇴원을 하신 3월 말까지 전 하루라도 술을 안 마시면 잠을 이룰 수가 없을 정도로 많은 스트레스를 받았습니다. 물론 바디 프로필 촬영을 위한 계획은 중단되었습니다. 아버지가 아프신데 바디 프로필이 무슨 소용이겠습니까?

TV 홈쇼핑 건강용품 MD 시절 21년 설을 겨냥해 그 전해부터 스마트 체중계를 기획하고 있었습니다. 설 연휴 정도에 판매를 시작하려고 계획을 수립했습니다. 별 어려움 없이 되어 가고 있었습니다. 그런데 결국은 3월이 넘어서 방송하게 되었습니다. 제품 인증 부분에서 걸리는 시간을 너무 빡빡하게 잡았던 것입니다.

시드니의 오페라 하우스가 있습니다. 처음 오페라 하우스의 건축 계획 당시에 공사 기간 6년, 공사비 700만 호주 달러를 예상했습니다. 하지만 실제로는 공사 기간 14년, 공사비는 1억 호주 달러가 들었습니다. 공사 시작 후 예상치 못한 문제들이 나오기 시작했습니다. 지붕 외관의 특수 세라믹 타일 개발은 3년이나 걸렸고 곡선형 지붕 구조물은 완성까지 8년이 걸렸으며, 오페라 하우스 최초 설계자였던 웃손이 해고되고 설계가 변경되는 등의 난항을 겪었습니다.

1976년 하계올림픽 개최지로 캐나다 몬트리올이 결정되었습니다. 캐나다 정부는 격납형 지붕의 주 경기장을 건설하는 데 1억 2,000만 달러가 들 거라는 계획을 발표했지만, 이 격납형 지붕은 올림픽이 끝나고 13년이 흐른 1989년에 건축되었습니다. 지붕을 건설하는 데에만 1억 2,000만 달러가 들어갔습니다.

제 바디 프로필을 찍기 위한 계획은 개인이 세워서 그렇다고 치더라도 오페라 하우스와 몬트리올 올림픽 경기장은 전문가들이 세운 계획이었을 텐데 왜 그렇게 되었을까요? 현실과 계획은 다를 수밖에 없습니다. 현실에서 발생할 수 있는 변수들을 생각하지 않고 최상의 조건에서 가능한 계획만을 생각했던 것입니다.

사람들은 계획대로 되는 일보다 되지 않는 일이 더 많다는 사실을 알고 있으면서도 어찌 된 일인지 계획을 세울 때는 긍정적 결과가 나올 것으로 예상합니다. 이렇듯 사람들이 해야 할 일을 마치는 데 필요한 시간을 예측하면서 지나치게 낙관적으로 생각하는 오류를 '계획오류(planning fallacy)'라고 합니다.

처음 계획을 세우기 때문에 오류가 발생하는 것은 아닙니다. 전에 유사한 과제에서도 계획보다 달성 기간이 길었던 경험에도 불구하고 사람들은 계획오류를 반복하게 되는 경우가 많습니다. 전문가들은 계획오류는 어지간해서 피하기 힘든 인지오류 가운데 하나라고까지 얘기합니다.

계획오류와 관련된 실험이 있습니다. 한 연구자는 자신이 가르치는 대학생들에게 아래와 같이 물었습니다.

(1) 자신의 졸업 논문을 마무리하는 데 얼마의 시간이 걸릴지 가능한 한 정확하게 예상해 보세요.
(2) 만일 모든 일이 가장 잘 풀린다는 가정하에 졸업 논문 마무리에 얼마의 시간이 걸릴지 예상해 보세요.
(3) 만일 모든 일이 최악의 상황일 때 졸업 논문 마무리에 얼마의 시간이 걸릴지 예상해 보세요.

1번에서 학생들이 대답한 평균 소요일은 33.9일이었고, 2번에서는 27.4일, 3번에서는 48.6일이었습니다. 논문의 완성일은 27.4일 < 논문 완성일 < 48.6일이어야 하지만 실제 학생들의 논문 완성일 평균은 55.5일이었습니다. 자신이 예상한 기간에 논문을 완성한 학생은 30%에 불과했다고 합니다.

사람들이 계획오류에 취약한 이유는 이렇습니다.
첫 번째로 사람들은 자신의 능력을 과대평가하고 시간, 비용을 과소평가하는 경향을 가지고 있습니다. 계획수립 시점에서는 알 수 없는 의욕과 자신감이 넘칩니다. 그런데 프로젝트를 진행하며 발생한 이런저런 돌발 상황들을 처리하면서 자기도 모르는 사이에 심신이 지치게 되고 처음의 의욕과 자신감이 꺾이게 됩니다.

두 번째로 사람들은 보통 미래에 대해 지나치게 낙관적인 견해를 가지고 있습니다. 일반적으로 계획을 세울 때 돌발 상황이 여기저기서 생길 수 있음을 가정하고 계획을 세우진 않습니다. 그렇다 보니 계획을 완벽하게 세우는 것 자체가 무리입니다.

그렇다면 이런 계획오류를 줄이는 방법은 무엇이 있을까요?

첫 번째는 프로젝트를 분할하여 계획을 수립하는 것입니다. 전체 프로젝트를 적당한 수준으로 나눈 후, 나뉜 프로젝트에 필요한 시간을 산출해 더하는 방식으로 보통 프로젝트 전체에 대하여 한꺼번에 세운 계획보다는 기간이 길게 나옵니다.

두 번째는 외부 객관적 관점의 반영입니다. 나만의 생각으로 만들어진 계획은 주관적이고 낙관적인 경향이 반영될 확률이 높습니다. 아무래도 외부의 객관적 관점으로 보게 된다면 주관적이고 낙관적인 경향이 줄어들 여지가 있기 때문입니다.

저 식당 대기 줄이 긴 이유가 있을 거야
: 정보 폭포(Information Cascades)

어떤 곳을 처음 여행하게 되었습니다. 여행 전 무엇을 보고 어디서 자고 무엇을 먹을 건지 생각해 두긴 했지만 뭔가 하나가 부족한 것 같습니다. 그곳 토박이들만이 가는 맛집을 가고 싶습니다. 숙소 사장님께 묻고 관광지 갈 때마다 물어서 토박이들이 가는 맛집 거리를 알아냈습니다. 이제 가서 맛있게 먹는 일만 남았습니다. 한 동네에 이르렀습니다. 메뉴도 다 비슷합니다. 숙소 사장님과 관광지에서 물어봤을 때 얘기를 들은 거리가 맞습니다. 일단 사람들이 많아 보이는 식당으로 가 봅니다. 이런…. 이른 시간인데도 대기 줄이 꽤 됩니다. 여러 군데 돌아보느라 식사를 제때 못 해 배가 고픕니다. 옆 가게에는 손님이 많지 않습니다. 들어가면 바로 먹을 수 있을 것 같습니다. 하지만 왠지 그러고 싶지 않습니다. 대기 줄이 있는 그 식당에서 기다리는 사람들처럼 그들을 따라 기다려야 할 것 같습니다.

여러분도 이와 비슷한 경험이 있을 거라 생각합니다. 사재기 현상이 일어나는 이유도 위의 예와 비슷할 수 있습니다. 어떤 이슈가 생기어 너도

나도 화장지를 사는 모습을 보게 되면 혹시나 하는 생각에 화장지를 사게 되고 곧 화장지 품귀 현상이 일어나게 됩니다.

이처럼 다른 사람들이 어떻게 행동하는지를 본 후 그 사람들처럼 행동하는 경우를 '정보 폭포(Information Cascades)'라고 합니다. 옆 식당엔 여유가 있지만 배고픔을 참아 가며 굳이 대기 줄이 있는 식당을 선택하는 건 많은 사람이 기다리는 이유가 있을 것이라 생각하고 결정한 것입니다. 정보가 폭포처럼 쏟아지면 다른 사람의 판단과 결정을 무시하기 어렵고 그 선택을 따라가게 된다는 의미에서 정보 폭포란 용어가 만들어졌습니다.

정보가 제한되어 있고 비대칭적이라면 사람들은 비록 자신이 알고 있는 내용과 다르더라도 앞선 사람들의 행동을 모방하려고 하는데 특히나 자신이 알고 있는 내용에 대한 확신이 없을 경우 더욱더 다른 사람의 선택을 받아들이기 쉽습니다.

정보 폭포 현상과 관련된 실험이 있습니다.

항아리 두 개가 있는데 두 항아리에는 빨간색 공과 파란색 공이 서로 다른 비율로 들어가 있습니다. 실험 참가자는 추첨으로 선택할 항아리를 결정합니다. 공을 하나 꺼내서 색깔을 확인한 다음 공을 항아리에 다시 넣습니다. 자신에게 배정된 항아리에 어떤 색 공의 비율이 더 높은지 말해야 합니다. 대답은 실험 참가자 모두에게 즉시 공유됩니다. 정확하게 예측한 사람은 금전 보상을 받습니다.

공을 꺼내서 보지 않은 참가자는 앞 참가자의 얘기를 듣고 정보를 쌓아 갑니다. 자신의 차례가 되면 항아리에서 공을 꺼냅니다. 이때 자신에게 배정된 항아리는 1번이고, 공은 빨간색이었습니다.

그런데 먼저 1번 항아리에서 공을 꺼낸 참가자들 중 많은 사람이 파란색이라고 얘기했습니다. 자신도 모르게 파란색이라고 말하려고 합니다. 자신이 공 색깔에 대해서 얻은 정보는 빨간색이지만 앞선 참가자들의 정보를 따라야 할 것 같았습니다. 이 실험보다 앞선 유명한 실험이 있는데 '아시 동조 실험(Asch Conformity Experiments)'이 그것입니다.

행동경제학자들은 많은 연구를 통해 자신의 선택과 다른 사람이 많을수록 다른 사람의 선택을 따르는 정보 폭포 현상이 심해지는 것을 알아냈습니다. 또한 판단이 어렵거나 불확실한 상태일수록 다른 사람의 선택을 좇아가는 현상도 두드러진다는 것도 알아냈습니다. 그리고 성인보다는 10대에게서 정보 폭포 현상이 더 쉽게 나타나며 자신의 선택과 다른 선택을 한 사람의 사회적 지위가 높을수록 그들의 선택을 따라 하는 경향도 높아졌습니다.

일반적으로 사람들은 정보 폭포 현상에 쉽게 노출됩니다. 사람이 완벽하게 합리적인 선택을 할 수 있는 존재가 아니기 때문입니다. 내가 알고 있는 정보가 완벽하지 않다면 다른 사람이 하는 선택을 그냥 넘겨 버릴 수만은 없습니다. 결국 내가 틀릴 가능성이 많은 사람들이 모두 틀릴 가능성보다 높다는 것을 받아들이게 됩니다. 그러나 이 사실은 기억해야 합니다. 나의 정보가 완벽하지 않듯이 다른 사람의 정보 역시 완벽하지는 않습니다.

정보 폭포는 작은 정보라도 새 정보가 추가되면 사람들의 행동을 대규모로 변화시킬 수도 있음을 시사해 줍니다. 이런 정보 폭포를 기업들이 이용해 신상품 출시 시 유명인들에게 제품을 제공하고 홍보를 기대하게 되는 것입니다. 아무래도 유명인들이 제품을 쓴다면 일반 사람들이 구매를 덜 망설일 가능성이 있기 때문입니다.

정보 폭포 현상과 '군집 행동(Herd Behavior)'은 비슷한 것 같지만 다른 현상입니다. 많은 사람들이 하는 선택이나 행동을 따라 한다는 점에서는 비슷하지만, 정보 폭포의 경우 자신이 알고 있는 개인 정보를 무시하고 다른 사람의 정보를 따르는 것입니다. 그러나 군집 행동은 자신의 개인 정보를 무시하는 것이 아닌 다른 사람들의 선택이나 행동을 무조건적으로 따라 하는 것입니다. 물론 둘을 엄격하게 구분하기는 쉽지 않습니다.

군집 행동과 관련된 유명한 실험이 있습니다.
바로 엘리베이터 실험입니다. 연구자는 연기자들을 고용해 엘리베이터를 타서 벽면을 보고 서 있도록 했습니다. 일반적으로 사람들은 엘리베이터를 타면 돌아서 문을 바라보는데 연기자들에게 반대되는 행동을 하도록 했습니다. 그리고 일반 사람들이 어떻게 행동하는지를 관찰했습니다. 처음엔 늘 하던 대로 엘리베이터를 타고 난 후 돌아서 문을 바라보고 서 있던 사람들이 주변 사람을 따라 벽면을 향해 몸을 돌렸습니다.

선두에 있는 양이 갈림길에서 어느 한 방향으로 나아가면 뒤를 따르던 양들도 그쪽 방향으로 따라간다고 합니다. 선두에 있던 양이 왜 그 방향으로 가는지 중요하지 않습니다. 그냥 따라갑니다.

내가 좋아하는 장르는 아니지만, 유명 영화제에서 수상을 했고, 관객이 천만이 넘었다고 하면 그 영화를 보러 간 경험이 있습니다.

오늘도 친구 따라 강남을 가고 있습니다.

내가 당신의 얘기를 못 알아듣는 이유
: 지식의 저주(Curse Of Knowledge)

2007년도였습니다. TV 홈쇼핑 MD로서 발굴한 첫 상품의 론칭을 준비할 때였습니다. 집에서 쉽게 탄산수를 만들어 먹을 수 있는 탄산수 제조기였습니다. 첫 상품인 만큼 제가 할 수 있는 최선을 다했습니다. 누가 시키지도 않았지만, 동네 아줌마들을 모아 FGI(Focus Group Interview)를 통해 고객들이 탄산수에 대해 어떤 생각을 가지고 있는지, TV 홈쇼핑에서 고객들에게 어필하기 위해서는 어떤 부분을 공략해야 하는지에 대한 인사이트를 얻을 수 있었습니다. 그리고 시뮬레이션을 통해 얼마나 판매될 것인지에 대한 예측도 해 보았습니다. 이 내용들을 포함해서 신상품 론칭기획서를 작성했습니다. 환경분석, 시장세분화, 타겟팅, 포지셔닝, 셀링포인트를 잡고, 상품에 대한 CBP(Core Benefit Proposition)와 이를 홈쇼핑에서 알리기 위한 4P(Product, Price, Place,

Promotion) 전략을 만들었습니다. 이것을 가지고 상품을 배정받은 PD님과 미팅을 하게 되었습니다. 제가 그때까지 배운 것들을 총동원했습니다. 당연히 전 저와 회의하는 PD분도 마케팅 관련 개념들을 다 알고 있는 줄 알았습니다. 홈쇼핑 PD이니 마케팅 관련 주요 내용들은 당연히 알 거라 생각했습니다. 그리고 PD님이 아주 기뻐할 거라 생각했습니다. "이렇게 환경분석부터 4P 전략까지…. 제가 더 추가할 게 없는데요~."라는 말을 기대했습니다.

그런데 PD님의 반응이 심드렁합니다. "기획안 쓰시느라 고생은 하셨는데 그래서 어떻게 팔자는 거죠?"

전 상대방도 마케팅과 관련되어 '이 정도는 당연히 알고 있겠지.'라고 생각하고 PD에게 얘기했던 것입니다. PD 입장에서는 뭐라 떠드는 것 같은데 못 알아듣는 전문용어만 쓰고 자기가 알고 싶어 하는 내용은 없으니 속이 터지기 일보 직전이었을 것입니다. 상대방을 생각하지 않은 저의 지식수준으로 인해 오히려 역효과가 나 버렸던 것입니다.

이러한 경우를 '지식의 저주(Curse Of Knowledge)'라고 합니다. 다른 사람과 대화 시 상대방이 그 내용을 충분히 이해할 수 있는 능력이나 배경을 가지고 있다고 생각해서 발생하는 인지적 편향입니다.

제 아이는 6살 때부터 유도를 했습니다. 지금도 유도를 하고 있습니다. 저도 유도를 합니다. 아들보다 훨씬 먼저 했고 3단입니다. 아들이 유도하는 모습을 보고 있으면 가끔씩 이런 말이 나옵니다. "아니 밭다리 후리기 스텝이 왜 저 모양이야? 왼발 나가고 오른발 나가면 되는데 저 쉬운 걸?"

전 유도를 배울 때 처음부터 잘했을까요? 올챙이 적 생각 못 하는 아빠입니다. 아들만큼이나 헤매던 제 과거를 잊어버린 겁니다. 유도에 대한 지식과 경험이 어느 정도 있는 지금의 저를 기준으로 자꾸 아이도 저만큼의 지식과 능력을 가지고 있다고 착각하는 것입니다.

지식의 저주와 관련된 실험이 있습니다. 한 연구자가 실험 참가자들을 두 그룹으로 나누고 1번 그룹에는 누구나 알 만한 노래의 리듬에 따라 손으로 책상을 두드리게 했습니다. 2번 그룹에는 1번 그룹에서 두드린 리듬을 듣고 노래 제목을 말하게 했습니다. 2번 그룹이 노래 제목을 맞춘 것은 총 120번의 시도 중 겨우 3번이었습니다. 그러나 이 연구에서 연구자가 알고 싶었던 것은 2번 그룹의 정답률이 아니었습니다. 1번 그룹이 가지는 2번 그룹의 정답에 대한 기대치였습니다. 1번 그룹은 2번 그룹이 노래 제목을 맞출 확률을 약 50%라고 답했습니다. 노래 제목을 이미 알고 있는 1번 그룹의 실험 참가자들은 이 정도 리듬은 2번 그룹의 실험 참가자들이 충분히 알 수 있을 거로 생각했지만 실제로 2번 그룹의 실험 참가자들은 리듬이 무엇인지 알아내는 것을 무척이나 어려워했습니다. 1번 그룹에서는 '이 쉬운 것도 몰라?' 하는 반응이 자주 나왔습니다. TV 예능 프로그램의 스피드 퀴즈에서 이런 경우가 자주 나타납니다. 아무리 설명해 줘도 상대방이 정답을 못 맞히는 경우가 있습니다. 설명해 주는 사람은 이렇게 생각할 것입니다. '이 쉬운 걸 왜 못 맞춰?'

지식과 정보가 많으면 좋지만 특정 분야에 대한 너무나 풍부한 지식이나 경험이 서로 간의 의사소통을 방해할 수도 있습니다.

(1) 어려운 것만 가르치는 선생님
(2) 중요한 것만 가르치는 선생님
(3) 아는 것만 가르치는 선생님
(4) 생각나는 것만 가르치는 선생님

이 중 어떤 선생님이 지식의 저주에 해당할 가능성이 클까요?

아마도 1번 선생님일 겁니다. 본인이 알고 있는 내용을 학생도 당연히 알아야 한다고 생각해서 가르치다 보니 학생들에게는 어려운 것만 가르치는 선생님으로 기억되기 쉽습니다. 선생님은 학생들이 공부를 안 한다고 생각할 것이고요. 지식의 저주입니다. 선생님의 시각이 아닌 학생의 시각에서 바라보기 시작하면 학생들은 선생님이 가르치는 내용이 쉬워 보이고, 선생님들은 학생들과 소통이 되기 시작합니다.

지식의 저주를 푸는 마법은 바로 '易地思之(역지사지)'입니다.

당신에게 결정 장애가 있는 이유 : 선택의 역설(Paradox Of Choice)

점심시간에 무엇을 먹을지 고민합니다. 오늘은 일단 중식으로 의견을 모았습니다. 사실 의견이라기보다는 팀장이 가자고 합니다. 식당에 도착해서 각자 주문합니다. 자장면, 짬뽕, 볶음밥, 기스면…. 회사들이 모여 있는 식당가들은 보통 점심시간에 많이 바쁩니다. 주문을 받으시던 이

모님 얼굴이 살짝 일그러집니다. "점심시간이라 메뉴가 많으면 음식 나오는 데 시간이 걸립니다." 공짜로 먹는 건 아닌데 괜히 마음이 걸립니다. 이때 팀장이 나섭니다. "시간 없으니까 자장면으로 통일~!" 전 짬뽕이 먹고 싶었지만 제 선택은 바쁜 점심시간에 묻히고 말았습니다. 차라리 일식집을 선택할 걸 그랬습니다. 일식집에서 오늘의 오마카세 요리를 선택할 걸 그랬습니다. 오마카세를 선택했으면 처음부터 선택할 필요도 없었습니다. 요리사분이 그날그날 재료에 따라 알아서 해 주기 때문에 선택할 필요가 없습니다. 오늘은 선택하지 않는 것을 선택한 것이 오마카세입니다.

제가 마음에 드는 것을 선택하지 못하는 것도 참 힘든 일입니다. 근데 선택해야 할 게 너무 많은 것도 참 힘든 일입니다. 만일 제가 호모 이코노미쿠스였다면 선택할 것이 많아지는 게 더 좋았을 겁니다. 저는 대안들에 대한 정보들을 정확하게 알고 있고, 장단점을 정확하게 분석할 수 있기 때문입니다. 제가 평범한 사람이라는 게 안타깝습니다.

전 온라인 스트리밍 서비스를 구독하고 있습니다. 넷플릭스, 티빙, 디즈니플러스, 쿠팡플레이 등입니다. 주말 아침 아이가 잠을 자는 동안 영화 한 편을 보려고 스트리밍 서비스에 접속합니다. 무엇을 볼까 뚜렷한 계획 없이 넷플릭스, 티빙, 쿠팡 플레이에 들어가 봅니다. 한참을 고르다 결정했습니다. 커피 한 잔을 타고 의자에 몸을 깊숙이 넣은 후 플레이 버튼을 클릭합니다. 휴일의 참맛입니다. 그렇게 나만의 힐링을 좀 느껴 보려고 하는 찰나 아이가 깨서 저에게로 옵니다. 폭풍 요구를 늘어놓습니다. 애가 왜 벌써 깼지 했는데 시계를 보니 벌써 한 시간이 넘게 지나 있습니다. 무엇을 볼지 고르고 고르다 시간이 훌쩍 지나가 버렸습니다. 휴일의 참맛은 선택의 시간에 잡아먹히고 말았습니다.

속초여행

20년도에 리프레시 휴가를 다녀왔습니다. 근속연수가 되면 14일 유급 휴가를 주는 제도입니다. 14일이면 해외여행도 갈 수 있는 시간이지만 코로나 여파로 그럴 순 없었습니다. 강원도 여행을 짧게 가기로 했습니다. 이번 여행은 급할 게 없으니 자유여행을 가기로 했습니다. 근데 전 솔직히 자유여행이 부담스러웠습니다. 애가 5살 때라 숙소는 정해야 한다는 이유를 들어 숙소만 정했습니다. 그리고 일단 무작정 떠났습니다. 가다 배고프면 밥을 먹고, 주변의 갈 만한 곳을 추천받아서 간다든지 하는 방식으로 그날의 숙소까지 가는 방법이었습니다. 자유롭게 선택하지만,

목적지는 있는 반패키지 여행이었습니다. 전 완전 자유여행을 할 자신이 없었습니다. 거기에 들어가는 시간적 비용과 잘 선택했을까 하는 걱정들을 다 감당할 자신이 없었습니다. 그래서 이렇게라도 절충안을 만들었습니다. 전 자유여행보다 패키지여행이 맞는 것 같습니다.

우리는 호모 이코노미쿠스가 아니기 때문에 선택지가 너무 많은 것도 결코 좋은 것만은 아닙니다. 한계점 이상이 되어 버리면 어느 순간 선택은 고역이 되고 맙니다.

이와 관련된 실험이 있습니다. 한 슈퍼마켓에서 잼 시식 행사를 했습니다.

(1) 6종류의 잼을 진열하고 시식 행사를 진행
(2) 24종류의 잼을 진열하고 시식 행사를 진행

실험 결과 지나가는 고객의 60%가 2번 시식 행사를 하는 곳에 머물렀고, 40%의 고객은 1번 시식 행사를 하는 곳에 머물렀습니다. 많은 분이 여기까지는 잘 예상합니다. 사람들이 많이 모여야 그만큼 구매할 확률도 높아지는 게 맞습니다. 그렇다면 2번 시식 행사를 하는 곳에 머문 고객 중 얼마나 많은 고객이 잼을 구매했을까요? 놀랍게도 잼을 시식한 고객의 3%만이 잼을 구매했습니다. 1번 시식 행사를 하는 곳에서는 시식 고객의 30%가 잼을 구매했습니다. 고객들은 다양한 잼이 있는 2번 상황을 더 좋아했지만 잼을 구매하는 비율은 낮았습니다. 선택 대안이 너무 많다 보니 구매에 어려움을 겪었기 때문입니다. 이런 상황을 '선택의 역설(Paradox Of Choice)'이라고 합니다. 선택 대안이 많다는 건 그만큼 생각해야 할 것이 많아진다는 것을 의미합니다. 우리가 호모 이코노미쿠스였다면 선택지가 많아지는 것을 두 팔 벌려 환영했겠지만, 호모 이코노미쿠스가 아닌 우리는 수많은 대안 중 하나를 고르는 것이 매우 힘듭니다. 그 결과 결정을 할 수 없는 상태가 되어 버립니다. 많은 수의 대안들 때문에 정보 과부하에 걸리고 결국 선택도 못 하게 된 것입니다. 또한 선택지가 많다는 것은 어느 하나를 선택했을 때 그보다 더 나은 대안이 있을 가능성이 크다는 것을 의미하기도 합니다. 후회의 가능성 또한 커지게 되는 것입니다. 인간은 손실을 피하고 싶어 하는 존재이기에 후회라는 고통을 피하려고 아예 선택하지 않게 됩니다.

선택의 역설은 선택 대안이 수십 개일 때만 나타나는 것은 아닙니다. 관련 실험을 소개해 드립니다.

CD 플레이어를 사려고 합니다. 어느 브랜드의 제품을 살 것인지, 가격은 어느 정도 수준인지 구체적으로 정하지 않았습니다.

(1) 소니의 인기 CD 플레이어가 99달러로 할인 판매를 하고 있습니다. 평상시 소매 기준 가격보다 훨씬 저렴한 가격입니다. 소니 CD 플레이어를 사시겠습니까? 다른 모델을 더 찾아보겠습니까?

(2) 소니의 인기 CD 플레이어가 99달러, 아이와의 고급 CD 플레이어가 159달러로 할인 판매를 하고 있습니다. 두 제품 다 평상시 소매 기준 가격보다 훨씬 저렴한 가격입니다. 어느 CD 플레이어를 사시겠습니까? 다른 모델을 더 찾아보겠습니까?

1번 상황에서 실험 참가자의 66%가 소니 CD 플레이어를 사겠다고 했고, 34%는 더 찾아보겠다고 응답했습니다. 2번 상황에서는 소니든 아이와든 CD 플레이어를 사겠다고 응답한 참가자가 54%였고, 46%는 두 제품들 중 어느 제품도 사지 않고 다른 모델을 찾아보겠다고 응답했습니다. 1번과 2번 상황의 차이점은 아이와라는 선택 대안이 추가된 것입니다. 아이와라는 선택 대안이 추가되자 선택을 미루는 응답자가 많아졌습니다. 여기서 선택이 달라지게 하는 상황을 만들 수 있습니다.

(3) 소니의 인기 CD 플레이어가 99달러로 할인 판매 되고 있고 아이와의 저급 CD 플레이어가 105달러로 정상 가격에 판매되고 있습니다. 어느 CD 플레이어를 사시겠습니까? 다른 모델을 더 찾아보겠습니까?

3번 상황의 아이와의 저급 CD 플레이어는 열등한 선택 대안입니다. 이 상황에서 다른 모델을 더 찾아보겠다고 응답한 참가자는 24%였고, 소니 CD 플레이어를 구매하겠다고 응답한 참가자는 75%였습니다.

이는 비슷한 수준의 선택지가 많을수록 사람은 결정하지 못하거나 판단을 미루게 되지만 열등한 선택지가 있다면 하나를 선택하는 데 도움을 줄 수 있다는 것을 의미합니다. 바로 '미끼 효과'입니다.

그렇다고 선택 대안이 하나밖에 없다면 고객들은 실망스러울 수밖에 없습니다. 그래서 기업들은 제품의 사양과 특성이 다른 여러 가지 제품을 만들어 내는 것입니다. 선택 대안 하나로는 고객을 만족시킬 수 없기 때문입니다.

여러분은 메뉴가 많은 식당에 가셨을 때 어떤 느낌을 받으시나요? 이것도 할 수 있고, 저것도 할 수 있고 등등 메뉴판을 보면 그 식당에 대한 느낌이 오지 않나요? 전 식당의 메뉴가 너무 많다고 생각되면 그냥 나오는 경우가 많습니다. 제 개인적인 생각이지만 이것도 잘하고 저것도 잘하고 모든 것을 잘한다고 하는 데는 제 경험상 열 곳 중에 아홉 곳은 별로입니다. 메뉴가 너무 많으면 자신의 선택이 만족스러운 것인지 확신하지 못하는 고객이 생깁니다. 다른 메뉴들이 더 맛있을 수도 있어 '저 메뉴를 먹을 걸 그랬나?'라는 생각을 들게 하고 자칫 그 식당에 대한 만족도 자체를 떨어뜨리게 하고 다시 방문하고 싶지 않게 만들 수도 있습니다.

선택 대안이 많아지게 되면 선택해야 하는 사람은 결정을 내일로 미루게 됩니다. 그럴수록 내일이 아예 오지 않을 수도 있습니다.

제4부

행동경제학

― TV 홈쇼핑 외전

진실 혹은 거짓?
: TV 홈쇼핑 무료체험 이벤트에는 소유 효과가 발생한다

행동경제학의 빛나는 이론들 중 '소유 효과(Endowment Effect)'라는 게 있습니다. 어떤 대상 또는 사물을 소유하거나 소유할 수 있다고 생각하는 순간 그 대상 또는 사물에 대해 애정이 생기는데 미국의 행동경제학자 '리처드 탈러' 교수는 이를 'Endowment Effect(소유 효과)'라고 이름을 붙였습니다.

이런 소유 효과를 이용한 대표적 마케팅 사례로 체험마케팅을 들 수 있는데요. 행동경제학 관련 여러 책에서 소유 효과를 이용한 마케팅 사례에 빠지지 않는 것이 바로 김치냉장고 '딤채'입니다. 시장 출시 초기 200여 명의 체험단을 모집하고 이들에게 3개월간 무료로 제품을 사용해 본 후 구매 여부를 결정하게 했는데 결과는 100% 구매로 이어졌습니다.

또 다른 예로 '캐스퍼'라는 매트리스 제품을 들 수 있는데요. 캐스퍼는 2014년에 미국에서 창업한 회사입니다. 매트리스라면 적어도 수년 동안 사용할 물건인데 매장에서 2~3분 정도 누워 보는 것으로 소비자가 구매를 결정하는 것이 무리가 있다고 판단한 캐스퍼는 집에서 매트리스를 100일 동안 사용해 볼 수 있게 해 줬습니다. 그 후 매트리스가 고객에게 맞지 않으면 아무런 조건 없는 반품 정책에도 고객의 반품률은 7% 이하였다고 합니다.

아마도 유통채널 중 홈쇼핑이 체험마케팅을 가장 많이 사용하는 곳일 것입니다. 바로 무료체험 기회를 제공하는 것인데요. 무료체험 기간도 다양한데 짧은 것은 3일, 긴 것은 6개월 무료체험 기회를 제공하는 상품도 있습니다. 눈으로 직접 보고 구매하는 방식이 아닌 홈쇼핑에서 고객들에게 제품 사용 기회를 줄 수 있는 방법이며 이러한 체험마케팅의 배경에는 얻는 것보다 잃는 것에 더욱 민감하게 반응하는 손실회피성 때문에 나타나는 소유 효과가 자리 잡고 있습니다.

제가 홈쇼핑에서 건강용품 담당 MD업무를 할 때도 무료체험 행사를 많이 진행했습니다. 의료기기부터 일반 생활 건강 상품, 3일에서 180일까지, 상품군도 다양하고 무료체험 일수도 다양했습니다. 보통 이런 무료체험 이벤트는 제조사 또는 협력사에서 먼저 요청을 합니다. 유통채널 입장에서는 협력사에게 무료체험 진행을 요청하기가 대단히 힘듭니다. 혹시나 고객분들이 상품을 써 보고 불만족하여 반품하는 비율이 예상보다 높다면 협력사 쪽에 큰 무리가 갈 수 있어 대부분 협력사 측(제조사나 벤더사)에서 마케팅 효과를 염두해 두고 먼저 무료체험 이벤트 진행을 요청하게 됩니다. 행동경제학 관련 서적에 소유 효과에 대한 사례가 '딤채' 이상 나올 수 없는 것만 보아도 협력사의 진행 의지 없이는 불가능한 게 무료체험 이벤트입니다. 특정 상품군에 대한 소유 효과의 실제 사례가 많지 않은 것도 이 때문입니다.

행동경제학을 보다 심도 있게 연구하며 TV 홈쇼핑 분야의 소유 효과에 대해서 연구해 볼 필요가 있다고 생각했습니다. 협력사의 선진행 의지가 절대적으로 필요한 무료체험 이벤트인데 아직 그런 의지를 가지고 진행하는 협력사가 많은 곳이 TV 홈쇼핑 분야이기 때문입니다.

전 그중에서도 제가 담당했던 TV 홈쇼핑 건강용품 카테고리 상품들의 '소유 효과'에 대해서 살펴보도록 하겠습니다. 이 글을 시작하며 처음에 썼던 'TV 홈쇼핑 무료체험 이벤트에는 소유 효과가 발생한다'는 진실일까요? 거짓일까요?

결론을 먼저 말씀드리면 부분적으로 맞고 부분적으로 틀립니다. 이제부터 이것에 대해 얘기해 드리겠습니다.

행동경제학 TV 홈쇼핑 외전의 시작
: 노벨경제학상 이론도 안 통하는(?) 대한민국 TV 홈쇼핑

A와 B가 있습니다. 둘은 절친입니다. 금요일 저녁 일주일의 고단함을 털어 내려 술 한잔을 했습니다. 건강을 생각해야 하는 40대 중반들이라 과하게 마시진 않고 기분 좋을 정도로 마시고 각자 집으로 향했습니다. A는 집에 가 씻고 소파에 앉아 TV를 틀었습니다. 습관적으로 이리저리 화면을 돌리다 한 홈쇼핑 채널에 멈췄습니다. 탈모 치료 의료기기를 방송하고 있었습니다. 안 그래도 부쩍 머리숱이 적어지는 것 같아 걱정이었는데 관심이 갔습니다. 근데 조건이 파격적입니다. 6개월을 써 보고 품질에 만족하지 못하면 반품을 해 주겠다는 겁니다. 100만 원이 넘는 가격이라 살까 말까 고민했는데 6개월 써 보고 맘에 안 들면 반품을 해 준다고 하니 주문했습니다. 그리고 B에게 연락해 TV 홈쇼핑을 보라고 말해 줍니다. B도 결국 샀습니다.

6개월이 지났습니다. A와 B는 탈모 치료 의료기기를 어떻게 했을까요? A는 꾸준히 사용했습니다. 효과도 있는 것 같다고 느꼈습니다. 6개월이나 썼고 효과도 있는 것 같은데 굳이 반품을 해야 하나 하는 생각이 들었습니다. 그냥 사용하기로 했습니다. 반면 B는 초반에 조금 사용하다

귀찮아서 박스에 담아 두고 사용하지 않았습니다. 그리고 탈모 치료 의료기기가 있다는 사실을 까맣게 잊어버리고 말았습니다. 집 안을 정리하던 와이프가 발견하고 B에게 가져다줍니다. B는 그제야 생각이 납니다. 시간을 계산해 보니 6개월 정도 지났습니다. 반품 가능하다는 사실을 알고 반품을 했습니다.

잠시 복습해 보겠습니다.

행동경제학에서는 '소유 효과(Endowment Effect)'라는 게 있습니다. 간단히 정리하면, 어떤 대상 또는 사물을 소유하거나 소유할 수 있다고 생각하는 순간 그 대상 또는 사물에 애정이 생기는데 이를 '소유 효과(Endowment Effect)'라고 하며 소유 효과를 이용한 대표적 마케팅 사례가 상품을 사용하게 해 보는 체험마케팅이며, TV 홈쇼핑에서는 무료체험이라는 형태로 진행됩니다. 사람들이 사용하던 상품을 반품할 때 그것을 손실로 생각하여 손실을 회피하려고 반품을 하지 않는다는 것입니다.

근데 왜 A와 B의 행동이 다를까요? A에게는 소유 효과가 나타났지만 B에게는 나타나지 않았습니다.

궁금했습니다. 건강용품 담당 MD로서 일하던 시절, 수많은 건강 관련 용품을 운영해 봤고 그 상품 중에는 무료체험이 포함된 상품도 많았습니다. 과연 이들 상품에도 '소유 효과'가 있었을까? 이 상품들의 소유 효과가 있었는지 없었는지를 확인해 보면 어쩌면 A와 B의 행동이 다른 이유도 알 수 있을 것 같습니다.

TV 홈쇼핑 데이터 중에 반품률이 있습니다. 소비자들이 상품이 마음에 들지 않아 구매를 취소한 비율입니다. 소유 효과를 확인하기 위해 아주 잘 어울리는 데이터입니다. 반품률은 구매를 마무리한 건 중에 반품된 건을 말하는 거지만 이번에는 주문 건수에 대비한 반품을 계산한 주문 대비 반품률의 데이터를 사용했습니다. 제가 건강용품 MD 시절 운영했던 상품들 중 무료체험이 있었던 상품들을 선택했습니다.

행동경제학 홈쇼핑 외전
: 안구건조증 치료기에는 '소유 효과'가 있을까?

앞으로 건강용품 각 상품별로 주문 대비 반품률 데이터를 이용하여 '소유 효과'에 대해서 살펴볼 예정입니다. 의료기기, 생활 건강, 마사지기 등이 포함되어 있으며 구체적인 상품명은 표시하지 않고 세분류까지만(예: 의료기기-안구건조증 치료기) 표기하고, 주문 대비 반품률 데이터만 표기할 예정입니다. 데이터들은 2017년 3월에서 2022년 5월까지의 데이터입니다.

(1) 의료기기: 안구건조증 치료기에는 '소유 효과'가 있는가?

건강용품 MD 시절 2가지 안구건조증 치료기를 운영했습니다. 안구건조증 치료기는 안구건조증을 가정에서 쉽게 치료할 수 있는 가정용 2등급 의료기기입니다. '안구건조증 치료 및 눈 주위 경미한 근육통 완화를 위해 사용하는 제품'으로 식약처로부터 의료기기로 승인받은 상품입니다. 두 상품 원리는 거의 동일하고 가격대도 유사했습니다. 안구건조증 치료기 A 상품을 먼저 운영했습니다. 첫 번째 운영 시기에는 무료체험을 하지 않았고 두 번째 운영 시기에 약 2개월간 협력사 요청으로 무료체험 7일을 운영했습니다. 하지만 생각보다 반품률이 높아 잠시 운영을 중단했다가 세 번째 운영 시기에 다시 운영했는데 그때는 무료체험 없이 운영했습니다.

안구건조증 치료기 B는 안구건조증 치료기 A를 운영하지 못하던 기간에 신규 상품을 발굴하여 운영했었는데 운영 초기 무료체험 없이 운영했고, 협력사 요청으로 바로 무료체험 7일을 추가하여 재운영을 했습니다. 각 상품별 무료체험 유무에 따른 주문 대비 반품률은 아래와 같습니다.

[표 1] 안구건조증 치료기 무료체험 유무에 따른 반품률

상품명	무료체험	주문 대비 반품률
안구건조증 치료기 A	없음	8.2%
안구건조증 치료기 A	7일	23.8%
안구건조증 치료기 A	없음	9.0%
안구건조증 치료기 B	없음	6.2%
안구건조증 치료기 B	7일	26.5%

일반 기업에서 무료체험을 하는 이유는 '소유 효과'를 이용한 판매 전략입니다. 손실회피성 때문에 반품을 손실로 인식하여 반품을 덜하게 된다는 것으로 '소유 효과'는 소유의 기간이 길어질수록 높아진다고 했습니다. 그러나 안구건조증 치료기의 데이터를 보면 행동경제학에서 얘기하는 내용과는 사뭇 다릅니다. 안구건조증 치료기 A와 B 모두 무료체험이 없을 때보다 있을 때가 반품률이 약 3~4배가량 높았습니다. 안구건조

증 치료기 A의 경우 초기 운영 시 반품률이 8.2%였으나 무료체험을 추가하자 23.8%로 약 3배가 높아졌고, 다시 무료체험을 없애자 9.0%로 떨어졌습니다. 안구건조증 치료기 B의 경우 초기 운영 시 반품률이 6.2%였으나 무료체험을 추가하자 26.5%로 높아졌습니다. 주문 대비 반품률 지표로 본다면 안구건조증 치료기 A, B는 '소유 효과'가 없는 것으로 보였습니다.

행동경제학 홈쇼핑 외전
: 탈모 치료 의료기기에는 '소유 효과'가 있을까?

국민건강보험공단에 따르면 2020년 기준 탈모증으로 병원 진료를 받은 환자는 23만 3,294명으로 2016년부터 연평균 2.4%씩 증가하는 추세고 전체 탈모증 환자 중 30대가 22.2%, 40 대 21.5%, 20대가 20.7%를 차지했습니다. 이 수치를 보자면 탈모가 중년의 나이에 찾아오는 건 고민이 아니라 얘기해 주고 있었습니다. 그리고 21년 기준으로 탈모 관련 업계에서는 국내 탈모 인구가 약 1,000만 명을 넘어섰고, 시장규모도 약 4조 원에 이른다고 했습니다.

이러한 시장 트렌드에 따라 건강용품 MD 시절 탈모 치료 의료기기를 기획했습니다. 탈모 치료를 위해 가정에서 사용하는 탈모 치료 의료기기들이 있는데 TV 홈쇼핑에서도 많이 나온 형태가 '헬멧형'이고 사용 시간은 약 20분 내외였습니다.

제가 기획했던 상품은 이런 헬멧형과 형태가 다른 헤어밴드형이었고 하루에 90초만 사용해도 되었으며, 26주 임상시험 테스트를 거쳐 탈모치료에 도움이 된다고 입증된 상품이었습니다. 첫 론칭 시에는 무료체험 없이 진행했고, 후에 6개월 무료체험을 진행, 무료체험을 7일로 변경하여 다시 운영했습니다. 탈모치료 의료기기 상품의 주문 대비 반품률은 아래와 같습니다.

[표 2] 탈모치료 의료기기 무료체험 유무에 따른 반품률

상품명	무료체험	주문 대비 반품률
탈모치료 의료기기	없음	7.8%
탈모치료 의료기기	6개월	40%
탈모치료 의료기기	7일	27.3%

첫 론칭 시에는 여타 상품 대비 경쟁력이 있다고 판단해 무료체험 없이 진행을 했습니다. 그 결과 주문 대비 반품률은 7.8%였지만 상품 론칭이 성공했다고 볼 수 없는 수치여서 한동안 운영은 중단했습니다.

최초 론칭 후에 1년 정도가 지나고 임상이 26주이기 때문에 무료체험을 6개월 해 보자고 협력사 사장님께서 제안을 했습니다. 반품률이 올라가면 어쩌나 하는 걱정이 있었지만, 협력사 사장님이 상품력에 워낙 자신을 가지고 계셔서 그렇게 하기로 협의를 했습니다. 하지만 처음에 가졌던 우려가 현실이 되어 버렸습니다. 주문 대비 반품률이 40%가 나왔습니다. 무료체험 6개월 방송일로부터 혜택이 종료되는 시점에 무료체험을 7일로 줄이고 사은품을 추가한 구성으로 방송을 다시 진행했습니다. 주문 대비 반품률은 27.3%였습니다.

탈모치료 의료기기 또한 무료체험이 있을 때보다 없을 때가 반품률이 더 낮았습니다. 6개월의 무료체험 진행 시의 주문 대비 반품률이 7일, 없을 때보다 월등히 높았습니다. 주문 대비 반품률 지표로 본다면 탈모치료 의료기기 또한 '소유 효과'가 없는 것으로 보였습니다.

행동경제학 홈쇼핑 외전
: 비염치료기와 보청기에는 '소유 효과'가 있을까?

TV 홈쇼핑에서는 무료체험 이벤트를 협력사와 협의 후 진행하게 됩니다. 일정 기간 사용해 볼 수 있는 기회를 고객님들께 드리는 것입니다. 이 무료체험 이벤트의 전략은 '소유 효과'를 이용하여 상품을 써 본 고객들이 반품을 덜 하게 만들려는 것입니다. '소유 효과'가 있는지 없는지를 주문 대비 반품률 데이터로 확인해 보고자 했습니다.

앞서 안구건조증 치료기와 탈모치료 의료기기의 경우 무료체험이 있을 때가 없을 때보다 오히려 주문 대비 반품률이 높았습니다. 탈모치료 의료기기의 경우 6개월 무료체험을 진행했었는데 무료체험이 없을 때와 7일일 때보다 월등히 높게 나왔습니다. 주문 대비 반품률 데이터로만 본다면 '소유 효과'가 없는 것으로 보였습니다.

그렇다면 다른 의료기기들은 어떨지 궁금했습니다. 그래서 이번에는 비염 치료 의료기기와 보청기를 살펴보았습니다. 비염 치료 의료기기는 계절성 알레르기 비염 증상(재채기, 콧물, 가려움 등)의 개선 등 치료에 사용되는 의료기기로 특정 파장대의 저출력 광선을 콧속으로 조사하여 LED에서 조사되는 광선이 코 점막의 혈액 공급을 높이며 히스타만을 억제하여 알레르기를 일으키는 항체를 줄여 주어 염증을 완화하는 원리입니다. 비염치료기는 3개를 운영했습니다. 안경처럼 쓰는 형태의 상품 2개와 콧속에 치료를 위해 프로브를 직접 넣는 방식의 상품 1개, 총 3개를 운영했습니다.

보청기는 청각장애를 보상하기 위해서 소리를 증폭하여 공기 전도 방식으로 전달하는 의료기기입니다. 목에 거는 넥밴드형 보청기로 귓속에 삽입하는 형태가 아니고 커스터마이징이 들어가지 않는 상품이라 기존 귓속형 보청기에 비해 상대적으로 가격이 저렴하며 소리를 감지하여 진동을 울려 주는 진동 기능이 있어 청력 약자들이 소리를 듣지 못하여 발생할 수 있는 위험 등에 신호를 줄 수 있는 특징을 가진 상품이었습니다. 협력사에서 시장조사를 통해 품질에 엄청난 자신감을 가지고 있어 무료체험 30일을 해 보자고 제의했습니다. 보청기가 커스터마이징이 필요한 상품인데 걱정이 되긴 했습니다. 하지만 이 상품은 청력이 떨어지는 초기에 사용하는 상품이라 한번 해 봐도 되겠다는 생각이 들어 협력사의 제의를 수락하고 무료체험 30일을 진행하게 되었습니다.

각 상품의 주문 대비 반품률은 아래와 같습니다.

[표 3] 비염 치료 의료기기와 보청기 무료체험에 따른 주문 대비 반품률

상품명	무료체험	주문 대비 반품률
비염치료기 A	3일	14.5%
비염치료기 B	3일	16.3%
비염치료기 C	없음	2.1%
보청기	30일	50%

비염치료기 A와 B는 안경처럼 쓰는 형태이고 가격대가 A는 10만 원 후반대, B는 20만 원 중반대였습니다. A와 B만 보자면 반품률은 큰 차이가 없으나 무료체험이 없는 C와 비교해 보면 확실히 주문 대비 반품률 수치가 높다는 것을 알 수 있습니다. 물론 C는 10만 원 초반대 가격과 유명 연예인과 자녀를 모델로 활용하던 상품이었습니다. 그 이유가 반품률의 차이를 가져오지는 않았을 것으로 생각했습니다. 여기에서 중요하게 보고자 했던 주문 대비 반품률을 기준으로 한 '소유 효과'는 비염치료기도 없는 것으로 보였습니다.

보청기의 경우 주문 대비 반품률이 무려 50%나 되었습니다. 30일 무료체험을 진행했음에도 불구하고 주문하신 분의 절반은 반품을 했습니다. 보청기의 상품 특성상 기존 고가의 보청기들은 청각사들을 통한 커스터마이징이 들어가나 이 상품은 그렇지 않기 때문일까 하는 생각도 들었습니다. 결국 주문 대비 반품률로 알아보고자 했던 보청기의 '소유 효과'는 없는 것으로 보였습니다.

행동경제학 홈쇼핑 외전
: 목 견인기에는 '소유 효과'가 있을까?

　TV 홈쇼핑 건강용품 중 의료기기인 상품들, 안구건조증 치료기와 탈모 치료기 그리고 비염치료기와 보청기의 소유 효과를 주문 대비 반품률 데이터를 가지고 살펴보았습니다. 결과는 '소유 효과'가 없어 보였습니다. MD 시절 운영했던 의료기기 중 무료체험을 진행했던 상품이 남아 있습니다. 바로 목 견인기입니다. 이 상품도 의료기기로 사용 목적은 척추 견인 등을 위해 공기를 주입하여 추간판 탈출증, 퇴행성 협착증 등의 치료에 사용하는 전동식 장치이며 경미한 근육통의 완화 등을 목적으로 인체에 물리적 에너지(진동)를 가하는 기구였습니다.

　버스나 지하철, 커피숍, 식당, 정류장 등에서 누군가와 대화를 하지 않는다면 많은 사람들은 스마트폰을 보고 있습니다. 남녀노소에 상관없이 스마트폰이 있다면 대부분이 비슷한 자세를 취하고 있습니다. 여러 얘기를 하지 않아도 스마트폰이나 태블릿 등의 모바일 기기의 사용이 늘면서 현대인들의 목 건강도 그만큼 위협받고 있는 것도 사실입니다.

　이런 트렌드에 따라 시중에 목 견인기가 다양하게 출시되어 있었는데 대부분은 수동식 펌핑 방식을 채택하고 있습니다. 그리고 수동식 중 진동 마사지 기능이 있는 것은 거의 없었습니다. 좀 더 편하게 사용할 수 있는 목 견인기를 찾다 전동식 목 견인기를 TV 홈쇼핑에서 론칭하게 되었습니다.

처음 론칭한 모델은 전동식 펌핑 방식으로 공기를 주입하고 20초 동안 견인하고, 20초간 견인을 유지하고, 15초간 이완하는 방식으로 총 15분간 자동 반복 되었습니다. 5단계 강도 조절이 가능한 진동모드가 있어 경미한 근육통 완화에도 도움을 받아 볼 수 있는 상품이었습니다. 전동식 상품이긴 한데 유선형이었습니다. 이런 유의 상품이 소비자분들에게 생소할 수 있어 협력사 요청으로 론칭 초기 7일의 무료체험을 진행했습니다. 그러나 장기 무이자 24개월로 월 지불 가격을 1만 원대로 낮추고 무료체험을 2주로 늘렸습니다. T커머스에서 자리를 잡자 라이브 홈쇼핑사에서도 운영을 하고 싶다고 해 라이브와 병행해서 운영하던 상품이었습니다.

유선형 전동식 목 견인기를 1년 넘게 운영한 후 방식을 유선형에서 무선형으로 변경하려고 했으나 여러 가지 사정으로 바로 하지 못하게 되었고, 21년 9월이 돼서야 무선형 전동식 목 견인기를 다시 운영하게 되었습니다. 이때에는 이미 전동식 목 견인기가 TV 홈쇼핑에서는 많이 알려졌다고 생각하여 무료체험 없이 상품을 운영했습니다.

각 상품의 주문 대비 반품률은 아래와 같습니다.

[표 4] 목 견인기 무료체험에 다른 주문 대비 반품률

상품명	무료체험	주문 대비 반품률
목 견인기 A	7일	26.9%
목 견인기 A	14일	31.3%
목 견인기 B	없음	9.7%

목 견인기 A는 무료체험이 7일일 때보다 14일일 때 더 높아졌습니다. 약 4.4% 정도 높아졌는데 수치가 아주 크게 높아졌다고 볼 수는 없지만 일반적으로 알고 있는 기간이 길어지면 소유 효과도 높아진다는 얘기와는 맞지 않는 데이터가 나왔습니다.

목 견인기 B와 A를 비교했을 때, 목 견인기 B는 무선형 전동식에 가격도 목 견인기 A보다는 10만 원 가까이 더 높았지만 무료체험이 없었습니다. 주문 대비 반품률은 9.7%로 목 견인기 A의 무료체험 7일, 14일보다 현저히 낮게 나왔습니다.

주문 대비 반품률로 보았을 때 목 견인기도 '소유 효과'가 없는 것으로 보였습니다.

행동경제학 홈쇼핑 외전
: TV 홈쇼핑 무료체험은 정말 효과가 없을까?

주문 대비 반품률 데이터를 기준으로 TV 홈쇼핑 판매상품의 소유 효과 여부를 살펴보고 있습니다. 안구건조증 치료기, 탈모 치료기, 비염 치료기, 보청기, 목 견인기의 주문 대비 반품률 데이터를 보면 소유 효과가 없는 것으로 보였습니다.

[표 5] 무료체험 기간별 주문 대비 반품률 현황

상품명	무료체험	주문 대비 반품률
안구건조증 치료기 A	없음	8.2%
	7일	23.8%
	없음	9.0%
안구건조증 치료기 B	없음	6.2%
	7일	26.5%
탈모 치료 의료기기	없음	7.8%
	6개월	40%
	7일	27.3%
비염 치료기 A	3일	14.5%
비염 치료기 B	3일	16.3%
비염 치료기 C	없음	2.1%
보청기	50일	50%

의료기기여서 개개인이 생각하는 치료 효과 차이가 있을 수 있어 주문 대비 반품률이 높을 수 있습니다. 그렇다면 의료기기가 아닌 다른 상품들은 어떤지 확인해 봐야겠습니다.

[표 6] 마사지기 및 생활 건강 상품군 무료체험 기간별 주문 대비 반품률 현황

상품명	무료체험	주문 대비 반품률
목 어깨 마사지기	30일	27.4%
목 어깨 마사지기	없음	6.5%
인솔(깔창) A	없음	4.3%
인솔(깔창) A	7일	10.5%
인솔(깔창) B	없음	3.4%

우선 마사지기 상품입니다. 목 어깨 마사지기 상품으로 론칭할 때 무료체험 30일을 협력사 사장님께서 먼저 제안하여 운영했던 상품입니다. 10만 원대의 마사지기에 무료체험 30일의 파격적인 조건이었습니다. 30일 무료체험 조건하에서 주문 대비 반품률은 27.4%였습니다. 가격을 낮

추고 무료체험 조건을 없애 봤습니다. 이때의 주문 대비 반품률은 6.5%였습니다. 마사지기에도 소유 효과는 없어 보였습니다.

이번에는 생활 건강 상품들을 살펴보겠습니다. 먼저 인솔(깔창) 제품입니다. 아치를 잡아 주고 발을 디딜 때 받는 충격을 분산시켜 주는 역할을 하는 인솔입니다. 유명 신발 회사에 인솔을 납품하는 기업의 상품을 운영했습니다. 처음에는 무료체험 없이 운영하다가 '한 번도 안 써 본 고객은 있지만 써 보면 계속 쓰게 된다'는 협력사 대표님의 의지로 무료체험 7일을 적용해 운영했습니다.

무료체험이 없을 때는 4.3%였고 무료체험 7일이 있을 때는 주문 대비 반품률이 10.5%였습니다. 주문 대비 반품률이 2배 이상 높아지긴 했지만 앞서 살펴본 의료기기들처럼 3~4배 이상 높아지진 않았습니다.

인솔(깔창) 제품을 하나 더 운영했습니다. 인솔 A의 데이터와 비교해 보기 위해 자료를 뽑아 봤습니다. 인솔 A보다 먼저 운영한 상품이고 스프링 구조 방식에 가격이 A보다 조금 저렴한 상품이었습니다. 이 상품은 무료체험 없이 계속 진행했던 상품으로 주문 대비 반품률은 3.4%였습니다.

주문 대비 반품률로 본다면 인솔 A도 의료기기보다는 높지 않았지만, 소유 효과가 있다고 보기에는 애매했습니다.

결국, TV 홈쇼핑에서 판매하는 무료체험이 포함된 상품에는 소유 효과가 없는 것일까요?

마지막이라는 기분으로 또 하나의 상품을 확인해 봤습니다. 생활 건강 상품군으로 기능성 방석 제품입니다. 에어셀 베타젤 구조의 방석으로 몸 압력 분산과 혈관 눌림 최소화를 위한 상품입니다. 이 상품은 운영할 때부터 무료체험 7일을 적용했던 상품이고 이후 리뉴얼 때 무료체험을 14일로 늘려 운영했던 상품입니다. 이 상품의 주문 대비 반품률은 아래와 같았습니다.

[표 7] 기능성 방석 무료체험 기간별 주문 대비 반품률 현황

상품명	무료체험	주문 대비 반품률
기능성 방석 A	7일	5.1%
기능성 방석 B	14일	6.9%

무료체험이 7일일 때 주문 대비 반품률은 5.1%였고 14일로 늘렸을 때 6.9%였습니다. 14일로 늘렸을 때 7일일 때에 비해 반품률이 1.8%가 높아지긴 했지만, 지금까지 살펴본 상품들에 비하면 높아진 것이라고 말하기에 너무 아까운 수치였습니다.

건강용품 전체 카테고리의 주문 대비 반품률과 비교를 해 보면 기능성 방석 A가 반품률이 어느 정도 수치인지 알 수 있을 것 같아 자료를 확인해 봤습니다.

[표 8] 건강용품 카테고리별 주문 대비 반품률

상품군	주문 대비 반품률
건강용품 전체	9.7%
생활 건강류	5.8%
마사지기류	12.2%
의료기기류	10.5%

안마 의자류	9.4%
온열 매트류	11.8%

 기능성 방석 A가 속한 생활 건강류 상품군의 전체 주문 대비 반품률 수치는 5.8%였습니다. 이 수치와 비교해 보면 기능성 방석 A의 주문 대비 반품률은 높지 않은 수치였습니다. 무료체험이 14일 때의 반품률 수치는 6.9%로 생활 건강류 상품군 전체의 반품률 수치보다는 높지만, 건강용품 전체 상품군의 주문 대비 반품률보다도 낮은 수치이며, 앞에서 살펴본 다른 상품들의 주문 대비 반품률과 비교해 봐도 높지 않았습니다. 기능성 방석 A에는 이전에 살펴본 상품들과 달리 '소유 효과'가 있는 것으로 보였습니다. 드디어 TV 홈쇼핑 무료체험 상품 중에 '소유 효과'가 있는 것으로 보이는 상품을 발견했습니다.

행동경제학 홈쇼핑 외전
: TV 홈쇼핑 무료체험 상품의 '소유 효과' 조건(1)

 기능성 방석 A의 주문 대비 반품률 데이터를 살펴보면 이 상품은 어느 정도 '소유 효과'가 있는 것으로 보였습니다. 물론 무료체험이 7일에서 14일로 늘어나자 주문 대비 반품률 수치가 1.8% 정도 높아지긴 했습니다. 하지만 무료체험이 있던 다른 의료기기 상품들과 마사지기 상품, 인솔(깔창) 상품들과 비교해 보면 그 증가 폭은 애교(?) 수준에 불과했습니다.

건강용품 카테고리 중 온열 매트류는 무료체험을 진행해 본 적이 없어 제외하고, 남아 있는 안마 의자류 상품에 대해서도 무료체험에 따른 '소유 효과'가 있는지를 살펴보고 싶었습니다. 하지만 설치 상품인 안마 의자의 특성상 무료체험을 진행하는 것은 아주 어렵습니다. 무료체험은 아니지만 비슷하게 진행되었던 프로모션이 있었습니다. 이름하여 '70일간의 동행'이라는 프로모션이었는데 안마 의자 설치 후 70일 동안 사용해 보고 만족스럽지 않으면 일정 비용(15만 원의 반품비)을 내고 반품을 해 주는 프로모션이었습니다. 설치 상품의 특성상 한 번 설치가 이루어지고 나면 제품의 불량이 아닌 경우에서는 단순 제품 불만족으로 인한 반품은 거의 불가능합니다. 일정 비용의 반품비를 지불하고 반품을 해 주는 것도 파격적인 조건이었습니다. 그렇게 해서 방송을 진행했지만, 실적이 그렇게 좋지 못해 방송 1회로 종료되었습니다. 그래도 주문 대비 반품률 데이터를 뽑아 보고, 체험 프로모션이 없는 안마 의자의 주문 대비 반품률을 비교해 보면 의미 있는 데이터를 얻을 수 있을 것으로 생각했습니다. 반품 가능 프로모션을 했던 상품과 동일 브랜드의 프로모션을 진행하지 않았던 상품, 그리고 가장 많이 팔렸던 브랜드의 주문 대비 반품률을 비교해 봤습니다.

[표 9] 안마 의자의 체험 프로모션 유무별 주문 대비 반품률 현황

상품명	체험 프로모션 유무	주문 대비 반품률
안마 의자 A	O	5.7%
안마 의자 B	X	7.5%
안마 의자 C	X	11.0%

비록 1회 방송으로 종료되었지만, 체험 프로모션이 있었던 안마 의자 A의 주문 대비 반품률은 5.7%로 나왔습니다. 같은 브랜드의 안마 의자 B의 7.5%보다도 낮았고, 가장 많이 팔린 브랜드의 C 상품 주문 대비 반품률 11.0%보다 더 낮은 수치였습니다. 안마 의자 전체의 주문 대비 반품률은 9.4%였습니다. 안마 의자 전체 주문 대비 반품률보다도 낮은 수치였습니다. 안마 의자 A에는 '소유 효과'가 있는 것으로 보였습니다. 무료 반품도 아니고 사용 후 반품을 하기 위해서는 일정 비용이 발생하는 체험 프로모션이었지만 주문 대비 반품률 수치로만 본다면 '소유 효과'가 있는 것으로 보였습니다.

기능성 방석과 안마 의자 A의 상품이 비록 상품의 성격이 다르긴 하지만 소유 효과가 있는 것처럼 보였습니다. 전체적으로 '소유 효과'가 있는 것으로 판단할 수 있는 기준으로 만들어 보기로 했습니다. 주문 대비 반품률 데이터를 가지고 시작했으니 이것으로 기준을 만들어 보고자 했습니다. 무료체험과 체험 프로모션을 진행한 상품들의 주문 대비 반품률과 각 상품이 속한 카테고리의 주문 대비 반품률 그리고 건강용품 전체 카테고리의 주문 대비 반품률을 비교하여 '소유 효과'가 있는지 없는지 1차적으로 판단하는 기준을 만들어 봤습니다.

무료체험과 체험 프로모션 진행으로 나온 주문 대비 반품률을 해당 상품이 속한 카테고리 전체 주문 대비 반품률, 그리고 건강용품 전체의 주문 대비 반품률과 비교했습니다. 하한값은 해당 상품이 속한 카테고리 전체의 주문 대비 반품률과 건강용품 전체의 주문 대비 반품률을 비교하여 낮은 값으로 정했고, 상한값은 해당 상품이 속한 카테고리 전체의 주문 대비 반품률과 건강용품 전체의 주문 대비 반품률을 비교하여 높은 값으로 정했습니다. 결과적으로 해당 상품 카테고리 전체 주문 대비 반품률과 건강용품 전체의 주문 대비 반품률 사이에서 최솟값과 최댓값을 정했으며 무료체험이나 체험 프로모션으로 나온 주문 대비 반품률 수치가 해당 상품 카테고리의 주문 대비 반품률과 건강용품 전체의 주문 대비 반품률 수치 사이에 있어야 '소유 효과'가 있는 것으로 판단했습니다.

[표 10] 무료체험 및 체험 프로모션 기간별 주문 대비 반품률 현황

상품명	무료체험/체험 프로모션	주문 대비 반품률	하한값	상한값	소유 효과 여부
안구건조증 치료기 A	7일	23.8%	9.5%	10.7%	X
안구건조증 치료기 B	7일	26.5%	9.5%	10.7%	X
탈모 치료 의료기기	6개월	40%%	9.5%	10.7%	X
	7일	27.3%	9.5%	10.7%	X
비염 치료기 A	3일	14.5%	9.5%	10.7%	X
비염 치료기 B	3일	16.3%	9.5%	10.7%	X
보청기	30일	50%	9.5%	10.7%	X
목 어깨 마사지기	30일	27.4%	9.7%	12.2%	X
인솔(깔창) A	7일	10.5%	5.8%	9.7%	X
기능성 방석 A	7일	5.1%	5.8%	9.7%	O
기능성 방석 B	14일	6.9%	5.8%	9.7%	O
안마 의자 A	70일/반품비	5.7%	9.4%	9.7%	O

행동경제학 홈쇼핑 외전
: TV 홈쇼핑 무료체험 상품의 '소유 효과' 조건(2)

어떤 대상 또는 사물을 소유하거나 소유할 수 있다고 생각하는 순간 그 대상 또는 사물에 대해 애정이 생기고 사람들이 자신이 보유한 제품을 포기할 때 느끼는 상실감이 새로운 제품을 얻었을 때의 기쁨보다 더 크기 때문에 자신의 물건에 더 높은 가치를 부여하게 됩니다. 이런 소유 효과를 이용한 대표적인 마케팅 사례가 체험마케팅입니다. 일정 기간 사용한 후에 불만족한 고객에게 환불을 보장해 준다거나 체험단 활동을 통해 고객들이 일정 기간 직접 사용을 해 보고 사용 후 구매하겠다는 의사가 있다면 할인된 가격으로 구입할 수 있는 기회를 제공하는 것이 일반적입니다. 행동경제학에서 실제 사례로 자주 언급되는 것이 딤채 사례로 시장 출시 초기인 1996년 체험단을 모집하고 3개월간 무료로 상품을 체험하게 한 후 구매 여부를 결정하게 했는데 100% 구매로 이어졌다는 사례입니다. 또 하나의 유사 사례는 '캐스퍼'라는 매트리스 제품을 들 수 있습니다. 캐스퍼를 고객이 집에서 매트리스를 100일 동안 사용해 볼 수 있게 해 줬습니다. 그 후 매트리스가 마음에 들지 않으면 조건 없이 무료로 반품을 해 줬습니다. 이러한 정책에도 고객의 반품률은 7% 이하였다고 합니다.

TV 홈쇼핑에서 많이 진행하는 무료체험과 체험 프로모션에도 '소유 효과'가 있는지를 무료체험과 체험 프로모션을 진행한 상품들의 주문 대비 반품률로 알아보고자 했습니다. 주문 대비 반품률과 각 상품이 속한 중간 카테고리의 주문 대비 반품률 그리고 건강용품 전체 카테고리의 주문 대비 반품률을 비교하여 해당 상품이 '소유 효과'가 있는 것인지 일차적으로 확인해 봤습니다. 해당 상품의 주문 대비 반품률이 하한값과 상한값 사이에 있으면 무료체험 또는 체험 프로모션의 '소유 효과'가 있는 것으로 판단했습니다.

결과적으로 '소유 효과'가 있는 것으로 판단되는 상품은 기능성 방석 A와 안마 의자 A였습니다. 하나는 생활 건강 상품이고 또 하나는 안마 의자입니다. 이 상품들이 '소유 효과'가 있다는 것은 어떤 인사이트를 주는 것일까요?

TV 홈쇼핑에서 진행하는 무료체험 또는 체험단 프로모션이 '소유 효과'를 나타내기 위해서는 2가지 조건을 만족해야 합니다.

첫 번째, 물리적 공간을 차지해야 합니다. 소유 효과의 사례로 많이 언급되는 딤채나 미국의 캐스퍼라는 매트리스 브랜드의 무료체험 사례, 그리고 TV 홈쇼핑에서 진행했던 안마 의자 A의 사례에서 공통점을 찾는다면 상품들이 모두 어떤 공간의 일정 부분을 차지하고 있다는 것입니다. 어떤 상품이 일정 기간 동안 한 공간에 일정부분을 계속해서 차지하고 있다가 없어진다고 사람들이 생각한다면 상실의 고통이 더 클 것이라 예상합니다. 그렇기 때문에 딤채나, 매트리스나, 안마 의자 등과 같이 공간의 일정 부분을 차지하고 있는 상품의 경우 반품에 대해 주저할 확률이 높습니다.

두 번째, 사용 편의성과 사용 지속성이 있어야 합니다. 무료체험을 진행한 의료기기들이 소유 효과가 없는 것은 사용 지속성이 없기 때문입니다. 일정한 시간 간격으로 또는 온종일 사용했다면 소유 효과가 나타날 확률이 높았겠지만 1~2회 정도 사용하고 효과가 없다고 생각해 사용을 멈출 때에는 상품에 대한 사용 지속성이 없기 때문에 그만큼 반품하기도 쉬웠을 거라고 예상합니다. 기능성 방석의 경우 의자 위에 놓거나 바닥에 놓거나 하면서 사용하면 그만이기 때문에 사용 편의성과 사용 지속성이 비교적 높습니다. 기능성 방석 소유 효과가 있는 것은 이것 때문일 것입니다.

TV 홈쇼핑에서 건강용품으로 무료체험 또는 체험단 프로모션을 진행하는 데 유의할 점은 커스터마이징이 필요한 상품은 무료체험을 진행하면 안 된다는 것입니다. 보청기의 경우 30일 무료체험을 진행했지만 상품 자체가 적극적인 커스터마이징이 필요한 상품이라 '소유 효과'가 나타나지 않았습니다.

이 연구 내용들이 물론 학문적으로 규명된 것은 아닙니다. 주문 대비 반품률이라는 데이터의 경향성을 보고 판단한 내용입니다. 조금 더 학술적인 접근이 필요합니다.

최근 소유 효과에 대한 한 연구가 화제가 되었습니다. 미국 뉴욕대의 크리스토퍼 예이거(Christopher Brett Jaeger) 교수 연구진은 고가에서 저가, 희귀한 물건에서부터 양산 제품까지 24개의 다양한 아이템을 가지고 소유 효과에 관한 실험을 진행했습니다. 그들은 각 대상에 대해 사람들이 보이는 소유 효과의 크기를 측정했는데 결과는 예상외로 큰 편차를 보였습니다. 이 연구가 흥미로운 점은 고가품이나 희귀품이 아닌 것들에도 소유 효과가 의외로 많다는 것입니다. 실제로 명품 구두, 새로운 스마트폰, 고급 와인, 스트리밍 서비스 멤버십 등에서는 소유 효과가 크게 나타나지 않았습니다. 당연히 이런 대상들을 구입할 경우에는 지불할 용의가 있는 최대 금액이 상당히 높았음에도 불구하고 말입니다. 연구진들은 사전에 각 아이템들에 대해 어떤 생각을 하고 있는지를 물어보았습니다. 응답자의 건강, 매력, 사회적 지위, 의식주와 안전, 무형적 가치 등과 관련해 얼마나 중요한가를 물었는데 이런 질문들에 대해 종합적으로 높은 점수를 받은 아이템들에는 공통점이 있었습니다. '평생'이나 '장기간'이라는 개념이 들어간 것들입니다. 장기간 제공되는 서비스나 장기간 사용이 가능한 자격, 권리 혹은 제품은 가격이나 희귀성을 막론하고 자신에게 중요한 것이라고 응답했으면 그 결과로 당연히 소유 효과가 강하게 나타났습니다. 예이거 교수 연구 결과에서는 평생 동안 제공되는 무료 칫솔이 최고급 호화 자동차와 같은 소유 효과를 보였습니다.